これだけ覚えれば安心!

# 仕事に役立つ「1日1パターン」英会話

デイビッド・セイン

PHP文庫

JN211793

はじめに

## ■「ビジネス英語＝難しい」は思い込み

　日本で英語を教え始めて20年以上になりますが、ここ数年、「仕事で突然、英語が必要になって……」「来月から海外の工場に行くことになって……」という生徒さんがとても増えてきています。

　「日常会話の英語も満足にできないのに、ビジネス英語なんて……。いまさらゆっくり勉強する暇もないし……。私はいったいどうすればいいんでしょうか？？」と、みなさん不安げに相談にいらっしゃいます。

　そんな生徒さんたちに、私はいつも２つのことをお話ししています。

　１つ目は、「ビジネス英語＝難しい」は思い込み、ということです。日本では、ビジネス英語をとても高度なものと捉え、**「日常会話の英語よりもマスターするのが難しい」と思い込んでいる方が少なくありません。**

　でも実際には、ビジネスで話す内容は日常会話よりも限られていますし、使われる表現のバリエーションもそれほど多くないのです。

　すでに英語を使って仕事をしている人でも、「仕事の会話は問題ないけど、どんな話題が飛び出すかわからない日

常会話や雑談は苦手」という人はたくさんいます。

　どちらがより難しいかはともかく、「日常会話の英語も満足にできないのに……」と思う必要はまったくないのです。

### ■短期間で上達する人は、「パターン」を覚える

　また、「フレーズを何百、何千と覚えないと、英語を使えるようにならない」と思い込んでいる方もいます。これは途方もない話で、そう思うだけでやる気がそがれてしまいますよね？

　そこで、二つ目にお話ししているのが、「実は、**超効率的に英語の引き出しを増やす方法があるんです**」ということです。それが本書でご紹介する**「パターンレッスン」**です。

　ここでまず、以下の３つの日本語を頭の中で英語にしてみてください（この段階で英文が思い浮かばなくてもまったく問題ありませんのでご安心を）。

　・コピーをとりたいのですが。
　・質問があります。
　・（電話で）ジョーンズさんをお願いします。

　ばらばらの表現に見えますが、実はいずれも「I'd like to ～.」という同じ一つのパターンで表現することができるのです（P.70～71参照）。

　フレーズの丸暗記では、一つ覚えても一つのことしか言

えるようになりません。一方、**活用度の高いパターンは、たった一つ覚えるだけで一気に何通りもの表現ができる**ようになり、とても効率がいいのです。

　実際、短期間で英会話が上達する人は、「活用範囲の広い基本パターン」だけを押さえ、あらゆる場面で徹底的に使い回すことで、会話の引き出しを効率的に増やしています。

　以前、大手アパレル会社勤務の知り合いで、急きょ海外店舗に派遣された人がいましたが、その人はまさにこのやり方で、「仕事で使える英語」を速攻マスターしました。

　彼女いわく、「**出だしのパターンさえパッと出れば、あとはなんとかなる**んです。たとえば、現地スタッフに何かお願い事をしたいときは、とにかく Could you（「〜していただけますか？」と丁寧に依頼するときの定番パターン。P.38〜39参照）で始めるようにする。そうすると相手も『何かお願い事をされるんだな』と心構えができて、スムーズにコミュニケーションをとることができます」。

### ■TOEIC®対策としても効果的

　本書では、
・ビジネスの様々な場面で使える活用範囲の広いもの
・ネイティブが実際のビジネス会話でよく使うもの
　という基準で、**55パターンを厳選**しました。

「たった55のパターンで大丈夫？」と思われるかもしれま

せんが、各パターンの例文を見れば、「このパターン一つでこんなことも言えるのか！」と驚かれることでしょう。

さらに、例文の単語を入れ替えれば、もっとたくさんのことを表現できますので、この55パターンだけでもたいていのことは英語で話せるようになるはずです。

**パターンを頭に入れておくと、話の内容が予測できるようになり、ネイティブの会話が聴き取りやすくなる**というメリットもあります。つまり、一緒にリスニング力もアップするのです。

また、ビジネスシーンでよく使われる単語をたくさん取り上げているので、ビジネス単語力のアップにもつながります。そういった点で、本書は TOEIC®テストの対策としても非常に有効な1冊です。

### ■「知っている英語」が「とっさに使える英語」に

本書を見ていただければおわかりになると思いますが、実はネイティブも中学英語並みのごく簡単なパターンを使って会話をしています。

日本のみなさんは、すでに学校でその大半を学んできています。ただ、それを**適切な場面で、とっさに引っ張り出して使えていないだけ。まさに宝の持ち腐れ**なのです。

そこで本書では、いざ英語を話すことになったとき、とっさにそのパターンが出てくるようにするために、英作文トレーニングを各パターン×10題（パート3は5題）ご用

意しました。これを繰り返すことで「知っている英語」が「とっさに使える英語」に変わります。

　先に述べたように、ビジネス英語は、日常会話よりも決まった表現が多いので、パターンで覚えるのがとても効果的なのです。一度覚えてしまえば、いざという場面でパターンを応用して、使うことができるようになります。

　本書では、ビジネスで必要なパターンを網羅していますので、上司とのコミュケーションや急な出張でも、本書のパターンさえ覚えていれば必ず応用できるはずです。応用するクセさえつけば、積極的に英語でコミュニケーションをとりたくなるでしょう。

　いろんな言い方をあれこれ覚えるのではなく、まずは本書のパターンからマスターして、表現の幅を広げていってください。

　また、**本書の英文を録音した音声ファイルは無料でダウンロードできます**（P.20参照）ですので、ネイティブによる発音を確認しながらトレーニングすることもできます。聞くときはパターンを意識して聞くようにしましょう。

## ■ スキマ時間にできるので「習慣化」しやすい

　語学習得でもう一つ大切なのは「習慣づけ」です。そこで今回は、忙しい人でも習慣化しやすいように「１日１パターン」に絞りました。

　パート１、パート２の必須＆基本パターンだけであれば

1ヶ月ちょっと、パート3の応用パターンまでやっても2ヶ月弱で終わらせることができます。

　また、本書は持ち運びがラクなハンディサイズですので、通勤・移動時間、お昼休みといったスキマ時間にレッスンすることも可能。その点でも**毎日続けやすい**はずです。

　英語はあくまでもコミュニケーションツールです。それを利用して世界を広げることが目的ですので、間違いを恐れずとにかく実践してみてください。一度パターンが身につくと、自分自身で自然に応用することができるようになります。そうなったら英語マスターはすぐそこ。自分らしい英語を自由に話せるようになるはずです。
　**皆さんの活躍の場が、世界に広がりますように。**

Good luck!

**David Thayne**（デイビッド・セイン）
＋
エートゥーゼット

仕事に役立つ「1日1パターン」英会話　目次

## PART 1

**時間がない人のために厳選！**

# 真っ先に覚えたい 必須パターン20

**PART 2** これで外国人上司も怖くない！
職場で大活躍する
基本パターン20

# 本書の構成と使い方

**音声ファイルのトラック番号**

本書の英文はすべて、ネット上で音声ファイルをダウンロードして「聞く」ことができます（詳しくは P.20 で）。

**パターンはどれも中学英語レベル**

簡単だけれども、会話でよく使うパターンを厳選しました。

---

1

## Thank you for ～.

～ありがとうございます

**基本フレーズ**

• **Thank you for** your cooperation.
ご協力ありがとうございます。

**「基本フレーズ」をまずチェック**

具体的にどんな英文になるかを、ここでまずつかみましょう。

ビジネスでは、相手に常に感謝の気持ちを示すことが、スムーズに取引を進めるコツ。特に欧米人は、ちょっとしたことでもその都度お礼を言います。**Thank you.** を連発するのではなく、このパターンのように具体的にお礼が言えると好印象です。for のあとには名詞、もしくは**動詞 +ing** を続けて、相手がしてくれた行為へのお礼を述べることができます。

**「解説」を読んで理解を深める**

最低限おさえておきたい文法事項や、各パターンの持つ微妙なニュアンスなどを解説。理解が深まり、頭に残りやすくなります。

> **プラスアルファ！**
>
> ほかにビジネスの場でネイティブがよく使うお礼の表現としては、I appreciate ～. (～に感謝いたします) があります (パターン43参照)。感謝の度合いが強く、より丁寧にお礼を言いたいときに使います。例) I appreciate all your kindness. (ご親切に感謝いたします)

22

**「応用知識」も充実**

各パターンを使うときの注意点や、関連して覚えておくといい表現・フレーズも豊富に紹介しています。

「例文」を読んで
パターンを
頭に定着させる

各パターンを使った「例文」を多数掲載。これを読むと、たったひとつのパターンで実にさまざまなことを表現できることに驚くはずです。

「音読」すると脳への
定着度がさらにアップ

音声を聞き、それを真似するように英文を声に出して読みます。慣れてきたら、テキストを見ないでシャドーイング（聞こえてきた音を、少し遅れて影のように追いかけながら口に出す練習）をするのも◎。これを繰り返しているうちに、ネイティブの発音やリズムが自然と身につきます。

---

PART1 真っ先に覚えたい必須パターン20

このパターンでこんなことが言えます！

**Thank you for** your advice.
アドバイスありがとうございます。

**Thank you for** everything.
いろいろとありがとう。

**Thank you for** waiting.
（電話で）お待たせいたしました。

**Thank you for** the other day.
先日はありがとうございました。

**Thank you for** your time today.
今日はお時間を割いていただき、ありがとうございます。

**Thank you for** your quick reply.
迅速なお返事、ありがとうございます。

**Thank you for** your understanding.
ご理解いただき、ありがとうございます。

**Thank you for** your hard work.
おつかれさまでした。

**Thank you** very much **for** your offer.
お申し出、どうもありがとうございます。

23

---

**使用頻度が高いフレーズを精選**

例文は、海外旅行のときなどに「よく使うもの」ばかり。また、「offer ⇒ kindness」といったように単語を入れかえて使えば、さらに多くのことが表現可能です。

## STEP 2 日本語の文章を見て 英文を思い浮かべる

**STEP 1 で習った パターンを使って 英作文にトライ**

右ページを隠して、英文を頭の中で思い浮かべてみましょう。

**ヒントも参考に**

難しい単語や言い回しにはヒントをつけています。大いに参考にしてください。

---

| パターン トレーニング | Thank you for ~. | ~ありがとうございます |

□ ① メールありがとう。

□ ② お電話ありがとうございます。

□ ③ ご提案ありがとうございます。
　　ヒント：提案= suggestion

□ ④ お気遣いありがとうございます。
　　ヒント：気遣い= thoughtfulness

□ ⑤ 月曜日はありがとうございました。

□ ⑥ 値引きしていただき、ありがとうございます。

□ ⑦ 思い出させてくれてありがとう。

□ ⑧ いろいろとサポートしていただき、ありがとうございました。

□ ⑨ ファイルのご送付ありがとうございます。

□ ⑩ フォローしていただき、ありがとうございます。

16

## STEP 3 英文を見て答え合わせ

① **Thank you for** your e-mail.

② **Thank you for** calling.

③ **Thank you for** the suggestion.

④ **Thank you for** your thoughtfulness.

⑤ **Thank you for** Monday.

⑥ **Thank you for** the discount.

⑦ **Thank you for** reminding me.

⑧ **Thank you for** all your support.

⑨ **Thank you for** sending the file.

⑩ **Thank you for** covering for us.

25

### 間違った部分を確認

最初は間違って当たり
前。落ち込む必要はあり
ません。自分の思い浮か
べた英文とどこが違うか
を、しっかり確認しまし
ょう。

### STEP2と3を繰り返し、
右ページの英文がパッと
思い浮かぶようになったら
□の中に✓(チェック)を入れる

①〜⑩のすべてにチェックが入ったら、
このパターンのレッスンは終了です。

## レッスンの進め方

**基本は**

**1日1パターンずつ
レッスン**

[メリット]

○通勤・移動中、お昼休みなどの
　「スキマ時間」に手軽にできる！
○机の前に座って勉強しなくてもいい！
○忙しい人でもラクに続けられる！

## 急いでマスターしたい人は

「PART1」と
「PART2」だけ
速攻レッスン

巻末(P.234〜)の
「目的別・パターン索引」
をまずチェック

1日3パターンずつ
レッスンすれば
約2週間で終了

自分が使いそうな
パターンだけ
集中レッスン

## 無料音声ダウンロードについてのご案内

本書の英文（「基本フレーズ」「このパターンでこんなことが言えます！」「パターントレーニング」部分＝計1,040フレーズ）をネイティブが朗読した音声コンテンツを、ＰＨＰ研究所のホームページから無料でダウンロードすることができます。

---

各パターンの冒頭右上に記載されているアイコン内の数字は、対応する音声ファイルのトラック番号を指しています。

例： 🔊01 ＝ 音声ファイル名：oneday_01.mp3

---

【ダウンロードの手順】

※ダウンロードはパソコンで行ってください。

❶下記のＵＲＬにアクセスしてください。
**http://www.php.co.jp/oneday**

❷下記のパスワードを入力し、「送信」ボタンをクリックしてください。
**パスワード：55pattern**
※半角英数で入力してください。

❸表示された画面の指示にしたがい、音声コンテンツをダウンロードしてください（ファイルの形式は、パソコンやスマートフォン、携帯音楽プレーヤーなどで再生が可能なＭＰ３形式です）。
※保存・再生方法の詳細については、お使いになる端末のマニュアルでご確認ください。
※ダウンロードされた音声は、個人的使用の範囲に限らせていただきます。
※諸般の事情により、予告なしにダウンロードを終了させていただく場合がございます。

時間がない人のために厳選！

# 真っ先に覚えたい
# 必須パターン20

🔊01

# Thank you for ～.

## ～ありがとうございます

---

**基本フレーズ**

**Thank you for** your cooperation.

ご協力ありがとうございます。

---

ビジネスでは、相手に常に感謝の気持ちを示すことが、スムーズに取引を進めるコツ。特に欧米人は、ちょっとしたことでもその都度お礼を言います。**Thank you.** を連発するのではなく、このパターンのように具体的にお礼が言えると好印象です。**for** のあとには名詞、もしくは**動詞+ing** を続けて、相手がしてくれた行為へのお礼を述べることができます。

プラス
アルファ！

ほかにビジネスの場でネイティブがよく使うお礼の表現としては、**I appreciate ～.**（～に感謝いたします）があります（**パターン43**参照）。感謝の度合いが強く、より丁寧にお礼を言いたいときに使います。例）I appreciate all your kindness.（ご親切に感謝いたします）

> ## このパターンでこんなことが言えます！

## **Thank you for** your advice.
アドバイスありがとうございます。

## **Thank you for** everything.
いろいろとありがとう。

## **Thank you for** waiting.
(電話で)お待たせいたしました。

## **Thank you for** the other day.
先日はありがとうございました。

## **Thank you for** your time today.
今日はお時間を割いていただき、ありがとうございます。

## **Thank you for** your quick reply.
迅速なお返事、ありがとうございます。

## **Thank you for** your understanding.
ご理解いただき、ありがとうございます。

## **Thank you for** your hard work.
おつかれさまでした。

## **Thank you** very much **for** your offer.
お申し出、どうもありがとうございます。

 パターントレーニング

## Thank you for ~. ~ありがとうございます

□ ① メールありがとう。

□ ② お電話ありがとうございます。

□ ③ ご提案ありがとうございます。
　　ヒント：提案＝ suggestion

□ ④ お気遣いありがとうございます。
　　ヒント：気遣い＝ thoughtfulness

□ ⑤ 月曜日はありがとうございました。

□ ⑥ 値引きしていただき、ありがとうございます。

□ ⑦ 思い出させてくれてありがとう。

□ ⑧ いろいろとサポートしていただき、ありがとうございました。

□ ⑨ ファイルのご送付ありがとうございます。

□ ⑩ フォローしていただき、ありがとうございます。

① **Thank you for** your e-mail.

② **Thank you for** calling.

③ **Thank you for** the suggestion.

④ **Thank you for** your thoughtfulness.

⑤ **Thank you for** Monday.

⑥ **Thank you for** the discount.

⑦ **Thank you for** reminding me.

⑧ **Thank you for** all your support.

⑨ **Thank you for** sending the file.

⑩ **Thank you for** covering for us.

◀))02

# Do you have ～?

## ～はありますか？

── 基本フレーズ ──

### Do you have a few minutes?

少しお時間ありますか？

**Do you have ～?** は、「～をお持ちですか」「～はありますか？」と相手に確認・質問するときに使うフレーズです。資料や商品といった「モノ」があるかどうか聞くときはもちろん、**Do you have any good ideas?**（何かいいアイデアある？）のように、「コト」に対しても使えます。

プラス
アルファ！

相手に何か予定があるかどうかを聞くときに便利なのが、**Do you have any plans for ～?** です。Do you have any plans for tonight/tomorrow?（今夜／明日、何か予定がある？）というように、食事に誘うときや残業の手伝いをお願いするときなどに使えます。

このパターンでこんなことが言えます！

**Do you have** a business card?
お名刺をお持ちですか？

**Do you have** a branch in Japan?
日本に支社（オフィス）はありますか？

**Do you have** a wireless network?
無線ＬＡＮはありますか？

**Do you have** any questions?
何かご質問はありますか？

**Do you have** any suggestions?
何かオススメ（提案）はありますか？

**Do you have** any extra copies?
余ったコピーはありますか？

**Do you have** the latest price list?
最新の価格表はありますか？

**Do you have** time to chat?
雑談をする時間はある？

**Do you have** a conference room I can use?
利用可能な会議室はありますか？

パターン
トレーニング

## Do you have ~?　~はありますか?

□ ① 会社のパンフレットはありますか?

□ ② 日本に代理店はありますか?
　　ヒント:代理店= agency

□ ③ 私に何かアドバイスはありますか?

□ ④ 事務所の鍵を持っていますか?

□ ⑤ 今日か明日、お時間ありますか?

□ ⑥ この件に関する情報を何か持っていますか?

□ ⑦ 例の件について話す時間がありますか?

□ ⑧ この企画書に対して何かコメントはあります
　　か?

□ ⑨ 今日の会議の資料はお持ちですか?
　　ヒント:資料= materials

□ ⑩ 午後は何かお約束がありますか?

① **Do you have** a company pamphlet?

② **Do you have** an agency in Japan?

③ **Do you have** any advice for me?

④ **Do you have** the keys to the office?

⑤ **Do you have** some time today or tomorrow?

⑥ **Do you have** any information about this?

⑦ **Do you have** time to discuss the matter?

⑧ **Do you have** any comments on this proposal?

⑨ **Do you have** the materials for today's meeting?

⑩ **Do you have** any appointments this afternoon?

# 3

# Do you know ～?

～をご存じですか？

---

**基本フレーズ**

**Do you know** Mr. Brown's e-mail address?
ブラウンさんのメールアドレスをご存じですか？

---

**Do you know ～?** は、「～を知っていますか」と質問すると
きの表現です。Do you know her name?（彼女の名前を知っ
てる？）のように、know のあとに知りたい事柄を続けま
す。また、**Do you know where the station is?**（駅がどこに
あるかご存じですか？）のように、５Ｗ１Ｈ（**where/when/
who/what/why/how**）を使った文と組み合わせてもよく使わ
れます。その場合、主語と動詞の位置が入れ替わり、「**主語＋
動詞**」の語順になります。右ページの例文で確認しましょう。

プラス
アルファ！

初対面の人などに丁寧に聞きたいときは、**Do you happen
to know ～?** という言い方がおすすめです。「ひょっとし
て、ご存じだったりします？」というニュアンスになりま
す。例）Do you happen to know where the post office
is?（郵便局がどこにあるか、ご存じだったりします？）

---

## このパターンでこんなことが言えます！

---

**Do you know** her first name?

(電話で)彼女の下の名前をご存じですか？

---

**Do you know** the time in New York?

ニューヨークの現地時刻がわかりますか？

---

**Do you know** the name of this item?

この商品の名前をご存じですか？

---

**Do you know** why the train is late?

なぜ電車が遅れているかご存じですか？

---

**Do you know** why the client got angry?

なぜクライアントが怒ったか知っていますか？

---

**Do you know** how to reach Mr. Drake?

ドレイクさんとの連絡方法をご存じですか？

---

**Do you know** what time the meeting starts?

会議が何時に始まるかご存じですか？

---

**Do you know** what kind of company ABC is?

ＡＢＣ社がどんな会社かご存じですか？

---

**Do you know** about how much we can spend on the campaign?

キャンペーンにいくらぐらい使えるか知ってる？

---

## Do you know ~? ~をご存じですか？

☐ ① 彼の電話番号をご存じですか？

☐ ② あの建物の名前をご存じですか？

☐ ③ どうやってログインすればいいか知っていますか？

☐ ④ ジョージさんがなんと言ったかご存じですか？

☐ ⑤ 病院がどこにあるかご存じですか？

☐ ⑥ これがどこで作られたかご存じですか？

☐ ⑦ なぜナンシーさんが怒ったのか知っていますか？

☐ ⑧ 次のミーティングがいつ始まるかご存じですか？

☐ ⑨ このプリンターがどうしてこうなっちゃったか知ってる？

☐ ⑩ これを直すのにどれくらい（期間が）かかるかわかりますか？

① **Do you know** his phone number?

② **Do you know** the name of that building?

③ **Do you know** how to log in?

④ **Do you know** what George said?

⑤ **Do you know** where the hospital is?

⑥ **Do you know** where this was made?

⑦ **Do you know** why Nancy got angry?

⑧ **Do you know** when the next meeting starts?

⑨ **Do you know** what happened to the printer?

⑩ **Do you know** how long it will take to repair this?

## 4

# Did you ～?

## ～しましたか？

—— 基本フレーズ ——

**Did you** receive my e-mail?
私が送ったメールを受け取りましたか？

**Did you ～ ?** は、相手が何かをしたかどうか確認すると
きによく使われる表現です。「～し終わりましたか？」と
何かを無事やり終えたかどうか聞きたいときは、**Did you
finish 動詞 ＋ ing?** と言います。また、文頭に How/
Where/Why/When などの疑問詞を伴うことで、さらに幅
広い表現ができます。例）How did you get her phone
number?（どうやって彼女の電話番号を手に入れたの？）

忙しそうな相手に、「～できましたでしょうか？」と丁
寧 に 聞 き た い と き に は、**Did you get/have a
chance to ～?** という表現がおすすめです。例）Did
you get a chance to read the document?（資料を
ご覧になる時間はありましたか？）

> ## このパターンでこんなことが言えます！

**Did you** get my message?
私の伝言を聞きましたか？

**Did you** get permission?
許可は得ましたか？

**Did you** get in touch with her?
彼女に連絡をとりましたか？

**Did you** make a profit?
利益はありましたか？

**Did you** do all this by yourself?
これをすべてあなた一人でやったのですか？

**Did you** finish talking to John?
ジョンとの話し合いは終わりましたか？

When **did you** start learning Japanese?
日本語はいつから勉強しはじめたのですか？

Why **did you** talk to Linda about this?
どうしてそのことをリンダに話したのですか？

**Did you** have a chance to look over the report?
レポートに目を通す時間はありましたか？

## Did you ~?　　　~しましたか？

□ ① 携帯電話は見つかりましたか？
ヒント：携帯電話＝ cell phone

□ ② 十分なサポートを得られましたか？

□ ③ 何が起きたかサムに話しましたか？

□ ④ 契約書のチェックは終わりましたか？

□ ⑤ プロジェクトはいつ終えたのですか？

□ ⑥ 東京にはいついらっしゃったのですか？

□ ⑦ 彼とは、いつ、どのようにして出会ったのですか？

□ ⑧ その話をどこから聞いたのですか？

□ ⑨ ＡＢＣ社のホワイトさんへはいつ電話したのですか？

□ ⑩ マイクと話す時間はありましたか？

① **Did you** find your cell phone?

② **Did you** get enough support?

③ **Did you** tell Sam what happened?

④ **Did you** finish checking the contract?

⑤ When **did you** finish your project?

⑥ When **did you** come to Tokyo?

⑦ How and when **did you** meet him?

⑧ Where **did you** get that news?

⑨ When **did you** call Mr. White of ABC?

⑩ **Did you** have a chance to talk to Mike?

# 5

# Could you 〜?

〜していただけますか？

---

**基本フレーズ**

**Could you** send that file again?

そのファイルをもう一度お送りいただけますか？

---

**Could you 〜?** は、相手に何かを依頼するときの丁寧な表現です。**Can you 〜?** も同じくよく使われる依頼の表現ですが、断られてもさほど問題ではない軽い頼み事をするときに使います。一方、**Would you 〜?** は、「できれば断らないでくださいね」というニュアンスが含まれ、やや強い依頼表現になるので要注意。ビジネスで何かお願い事があるときは Could you 〜? を使うのが無難です。

---

**注意！**

**Please 〜.** を丁寧な依頼の表現として使っている日本人は少なくありません。しかし、Please 〜.（もしくは〜, Please.）は「ぜひ〜してください」という意味ですので、実はかなり押しの強いニュアンスになります。例）Close the door, please!（お願いだから、ドアを閉めて！）

⎛ **このパターンでこんなことが言えます！** ⎞

# Could you call later?
のちほどかけ直していただけますか？

# Could you take a message?
伝言をお願いできますか？

# Could you change the meeting time?
打ち合わせの時間を変えていただけますか？

# Could you hold for just a moment?
少々お待ちいただけますか？

# Could you forward that e-mail to me?
そのメールを私に転送していただけますか？

# Could you tell Nancy about this?
この件をナンシーに伝えていただけますか？

# Could you ask him to call me back?
彼に折り返し電話をしてもらえるようお伝えいただけますか？

# Could you be a little more specific?
もう少し具体的に話していただけますか？

# Could you lower the price just a little?
もう少し値下げしてほしいのですが。

## Could you ~?　　~していただけますか？

□ ① みなさんにメールを送っていただけますか？

□ ② 航空券の手配をお願いできますか？
ヒント：手配する＝ arrange

□ ③ 予約の変更をお願いしたいのですが？

□ ④ それを今日中に終わらせていただけますか？

□ ⑤ それを私にファックスしていただけますか？

□ ⑥ これらのレポートをまとめていただけますか？
ヒント：まとめる＝ organize

□ ⑦ ジョーンズさんに私を紹介していただけますか？

□ ⑧ タクシーを呼んでいただけますか？

□ ⑨ その件についてはジョージと話していただけますか？

□ ⑩ 明日の朝までにこれを終わらせてほしいのですが。

① **Could you** e-mail everyone?

② **Could you** arrange my ticket?

③ **Could you** change my reservations?

④ **Could you** finish that today?

⑤ **Could you** fax that for me?

⑥ **Could you** organize these reports?

⑦ **Could you** introduce me to Mr. Jones?

⑧ **Could you** call me a taxi?

⑨ **Could you** talk to George about that?

⑩ **Could you** finish this by tomorrow morning?

# Could you tell me ～?

## ～を教えていただけますか？

**── 基本フレーズ ──**

**Could you tell me** your e-mail address?

メールアドレスを教えていただけますか？

**Could you ～?** に、「教えてください」という意味の **tell me** をつけると、自分がわからないことについて誰かに尋ねるときの丁寧な表現になります。また、「～についてもう少し詳しく教えて」と言いたいときは、**Could you tell me more about ～?** という言い方をします。

| | |
|---|---|
| □ ① | 駅までの道を教えていただけますか？ |
| □ ② | 誰がそんなことを言ったのか教えてもらえますか？ |
| □ ③ | 次のミーティングがいつになったのか教えてもらえますか？ |
| □ ④ | どうしてこんなに発送が遅れているのかを教えていただけますか？ |
| □ ⑤ | この間のプレゼンについて、もう少し詳しく教えてもらえますか？ |

---

このパターンでこんなことが言えます！

---

**Could you tell me** when he will be back?

彼がいつ戻るか教えていただけますか？

---

**Could you tell me** how long it will take?

どれぐらい時間がかかるか教えてもらえますか？

---

**Could you tell me** how to turn this on?

これの電源をどうやってつけたらいいか教えてください。

---

**Could you tell me** more about your company's products?

御社の商品について詳しくお聞かせ願えますか？

---

① **Could you tell me** the way to the station?

② **Could you tell me** who said that?

③ **Could you tell me** when the next meeting will be?

④ **Could you tell me** why our order is being delayed so much?

⑤ **Could you tell me** more about the last presentation?

# Could I ～?

## ～してもいいですか？

--- **基本フレーズ** ---

**Could I** have your business card?

お名刺を頂戴してもよろしいですか？

**Could I ～ ?** は、相手に許可を求めるときの丁寧な表現で
す。Could I get a copy of this?（このコピーをいただけま
すか？）というように、Could I のあとに動詞を続けま
す。友人同士や親しい人であれば Can I come with you?
（一緒に行ってもいい？）のように **Can I ～ ?** を使っても
いいですが、ややカジュアルな響きがあります。初対面の
人やビジネスシーンでは、Could I ～？を使うようにしま
しょう。

**注意!**

**May I ～ ?** も同じく許可を得るときの表現ですが、と
ても丁寧な言い方なので、接客時によく使われます。た
だかなりへりくだった印象があるので、通常のビジネス
会話ではややおおげさに聞こえます。

このパターンでこんなことが言えます！

## Could I have your name?
お名前をうかがってもよろしいでしょうか？

## Could I leave a little early?
少し早めに失礼させていただいてもよろしいですか？

## Could I have Monday off?
月曜日はお休みしてもよろしいでしょうか？

## Could I move on to the next topic?
次の議題に移ってもよろしいでしょうか？

## Could I ask you a favor?
お願いしてもいいですか？

## Could I have a little more time?
もう少しお時間よろしいですか？

## Could I explain this in more detail?
こちら、もう少し詳しく説明させていただけますか？

## Could I ask who's calling, please?
（電話で）どちら様でしょうか？

## Could I have about 15 minutes to explain this?
こちらの説明に15分ほど頂戴できますか？

## Could I ~?　　　～してもいいですか？

□ ① （電話で）もう一度お名前を頂戴できますか？

□ ② ウィリアムズさんとお話しできますか？

□ ③ この会議室を使ってもいいですか？

□ ④ クライアントと直接話してもいいですか？

□ ⑤ 別のご連絡先を頂戴できますか？

□ ⑥ 契約を少し変更させていただいてもよろしいですか？

□ ⑦ この問題に関して弁護士と相談してもよいでしょうか？

□ ⑧ どちらのご出身か、おうかがいしてもよろしいですか？

□ ⑨ 後ほどかけ直していただけますか？

□ ⑩ チームのほかのスタッフと相談してもいいですか？

① **Could I** have your name again?

② **Could I** speak to Mr. Williams?

③ **Could I** use this conference room?

④ **Could I** talk to the client directly?

⑤ **Could I** get another contact number?

⑥ **Could I** change the contract a little?

⑦ **Could I** discuss this issue with a lawyer?

⑧ **Could I** ask you where you come from?

⑨ **Could I** ask you to call back later?

⑩ **Could I** consult with the other people on the team?

# Do you think 〜?

〜だと思いますか？

---

**基本フレーズ**

## Do you think he's lying?

彼がうそをついていると思いますか？

---

相手の意見や意思を確認するときに使うフレーズです。い
きなり疑問をぶつけるよりも、相手に判断をゆだねる丁寧
な印象になります。また、**Do you think I'm wrong?**（私
が間違っているかな？）のように、「〜かな？」といった
ニュアンスで不安な気持ちを伝えるときにも使います。

プラス
アルファ！

いきなり質問を投げかけると、びっくりされてしまったり、意図が
伝わらなかったりすることがあります。**I have some questions
about 〜.**（〜について聞きたいことがあるのですが）を先に言う
と、質問されるほうも「〜について何か聞かれるんだな」と心の準
備ができて、スムーズに答えてもらいやすくなります。

┌─────────────────────────────────────┐
│ **このパターンでこんなことが言えます！** │
└─────────────────────────────────────┘

## **Do you think** he'll come?
彼は来ると思いますか？

## **Do you think** it'll work?
うまくいくと思いますか？

## **Do you think** we can make it?
間に合うと思いますか？

## **Do you think** you can ever forgive me?
あなたは私を許せると思いますか？＝どうか許してください。

## **Do you think** it's going to rain tomorrow?
明日、雨降ると思う？

## **Do you think** you could change the date?
日程を変更していただくことは可能ですか？

## **Do you think** Ken will take the day off today?
ケンは今日休みだと思いますか？

## **Do you think** this meeting will go on any longer?
会議はまだ長引くと思いますか？

## **Do you think** I should apologize to Mr. Lakewood?
私がレイクウッドさんに謝るべきだと思いますか？

## Do you think ~? ～だと思いますか？

□ ① これはいいアイデアだと思いますか？

□ ② このプロジェクトはうまくいくと思いますか？

□ ③ 彼らを説得できると思いますか？
ヒント：説得する＝ convince

□ ④ 新しいパソコンを購入すべきだと思いますか？

□ ⑤ 本社へ行きたいと思っていますか？
ヒント：本社＝ head office

□ ⑥ あなたが異動すると思いますか？

□ ⑦ ＡＢＣ社はうちと取引すると思いますか？

□ ⑧ このプランが問題を解決してくれると思いますか？

□ ⑨ これを終わらせる時間が十分あると思いますか？

□ ⑩ ＣＦＯが本当にあのすべてのお金を横領したと思いますか？
ヒント：横領する＝ embezzle

① **Do you think** this is a good idea?

② **Do you think** this project will go well?

③ **Do you think** we can convince them?

④ **Do you think** we should buy new computers?

⑤ **Do you think** that you want to go to the head office?

⑥ **Do you think** you'll get transferred?

⑦ **Do you think** ABC will do business with us?

⑧ **Do you think** this plan will solve the problem?

⑨ **Do you think** we have enough time to finish this?

⑩ **Do you think** the CFO really embezzled all that money?

# What do you think about ～?

## ～についてどう思いますか？

**― 基本フレーズ ―**

**What do you think about** Tom's opinion?

トムの意見、どう思った？

「～をどう思いますか？」と相手の率直な意見を聞くときに使う表現です。How do you think と言う人がいますが、How は「手段を問う」ときに使う疑問詞なので「どうしてそういう考えになったのですか？」という別の意味になります。**How do you feel ～?** であればOKです。

□ ① ボブのこと、どう思いますか？

□ ② 価格についてはどう思いますか？

□ ③ 株式市場についてどう思いますか？

□ ④ 当社のカスタマーサービスについてどう思いますか？

□ ⑤ 新しい事務所に引っ越すことについてどう思いますか？

---

## このパターンでこんなことが言えます！

**What do you think about** Mike's proposal?

マイクの企画、どう思いますか？

---

**What do you think about** my presentation?

私のプレゼンをどう思いましたか？

---

**What do you think about** our website?

当社のウェブサイトについてどう思いますか？

---

**What do you think about** the future of this market?

この市場の今後についてどう思いますか？

---

① **What do you think about** Bob?

② **What do you think about** the price?

③ **What do you think about** the stock market?

④ **What do you think about** our customer service?

⑤ **What do you think about** moving to the new office?

**8**

**)) 10**

# I think ～ .

## ～だと思います

---

**基本フレーズ**

**I think** his new idea is really great.

彼の新しい案はすごくいいと思います。

---

**I think ～ .** は、自分の考えを述べるときに非常によく使われる表現です。否定的なことを言うときも、There are some problems.（いくつか問題があります）といきなり言うよりも、**I think there are some problems.** と I think で切り出したほうが「～かな。違うかもしれないけど」というニュアンスが含まれて、相手にきつい印象を与えずにすみます。

プラスアルファ！

「そろそろ～する時間です」と言いたいときには、**I think it's time to ～ .** というフレーズが便利です。例えば、訪問先のオフィスからそろそろ失礼しなければいけない時間になったとき、**I think it's time to go now.** と言うと、「そろそろ行く時間ですね（そろそろお暇させていただきます）」とやんわり切り出すことができます。

> ## このパターンでこんなことが言えます！

**I think** it costs too much.
ちょっと高すぎると思います。

**I think** it's going to rain.
雨が降ると思います。

**I think** that's the best choice.
それが最善の選択だと思います。

**I think** there's a better way.
もっとよい方法があると思います。

**I think** this project is too tough.
このプロジェクトは難しすぎると思います。

**I think** we're making a big mistake.
我々は大きな間違いをしていると思います。

**I think** we should do it tomorrow.
明日やったほうがいいと思います。

**I think** you're going to like it.
あなたはそれを気に入ると思います。

**I think** the meeting has been rescheduled.
会議日程は変更になったと思います。

## I think ~.　　　　~だと思います

□ ① あなたが正しいと思います。

□ ② ボブは今日お休みだと思います。

□ ③ それは素晴らしい案だと思います。

□ ④ もっとスタッフを雇う必要があると思います。

□ ⑤ 今日は早く出ようと思います。

□ ⑥ 利益を改善することは可能だと思います。

□ ⑦ 上司に相談しないといけません。

□ ⑧ この請求書に間違いがあると思います。
　　ヒント：請求書＝ bill

□ ⑨ あなたのデータに問題があると思います。

□ ⑩ 今は海外に新しい工場を作るよい時期だと思います。

① **I think** you're right.

② **I think** Bob is off today.

③ **I think** that's a great idea.

④ **I think** we need to hire more staff.

⑤ **I think** I'll leave early today.

⑥ **I think** we can improve our profits.

⑦ **I think** I should consult my superiors.

⑧ **I think** there's a mistake in this bill.

⑨ **I think** there's a problem with your data.

⑩ **I think** now is a good time to open a new factory overseas.

# I don't think 〜.

## 〜とは思いません

— 基本フレーズ —

**I don't think** that's a good idea.

それがいい考えだとは思いません。

例えば「それは真実ではないと思います」と言うとき、I think
that's not true. ではなく、**I don't think that's true.** という
ように、最初の think を否定する言い方が好まれます。この
フレーズで切り出せば「反対の意思を述べるんだな」とい
うことが最初に伝わるので、相手も理解しやすくなります。

パターン
トレーニング

□ ① それが大きな問題だとは思いません。

□ ② それが良い解決策とは思いません。

□ ③ それが最善の策とは思えません。
ヒント：最善の策＝ the best policy

□ ④ 彼が協力するとは思えません。

□ ⑤ これを我々がやるべきではありません。

このパターンでこんなことが言えます！

**I don't think** you should go.
あなたは行くべきではないと思います。

**I don't think** the boss will agree.
上司が賛成するとは思えません。

**I don't think** it's worth the effort.
やっても無駄だと思います。

**I don't think** this is the report we need.
これは我々のほしかった報告書ではありません。

① **I don't think** it's a big problem.

② **I don't think** that's a good solution.

③ **I don't think** that's the best policy.

④ **I don't think** he'll cooperate.

⑤ **I don't think** we should do this.

# 9

**◄))12**

# I need 〜.

〜が必要です／〜する必要があります

--- **基本フレーズ** ---

**I need** this by Monday.
月曜日までにこれが必要です。

---

I need のあとに名詞がくると「〜が必要です」という意味になり、I need のあとに「to ＋動詞」を続けると「〜する必要があります＝〜しなくてはいけない」という意味になります。**I have to 〜.** もほぼ同じ意味で使われますが、必要に迫られてそうしなくてはいけない状態にある場合に使い、話し手のイヤイヤな気持ちが含まれます。一方、**need to** は自分で必要と感じて積極的にしているニュアンスになります。

プラス
アルファ!

I need 〜 . は、**I need to get this report by tomorrow.**（明日までにはその報告書が必要です）のように、相手への命令として使うこともあります。You must finish this report by tomorrow. などとダイレクトに言うよりも、相手を圧迫するニュアンスが軽減されます。

| このパターンでこんなことが言えます！ |

**I need** your signature by Friday.
金曜日までにあなたの署名が必要です。

---

**I need** to meet my quota.
ノルマを果たさなくてはいけない。

---

**I need** to leave by 5:00.
5時までには出ないといけません。

---

**I need** to finish this by tonight.
これを今夜中に終わらせなくてはなりません。

---

**I need** to consult with my boss first.
まず上司に相談しないといけません。

---

**I need** to speak with someone in sales.
（電話で）営業部の人にお話があります。

---

**I need** some time to put together a proposal.
企画書をまとめるのに時間がいくらか必要です。

---

**We need** to discuss this with ABC's staff.
ＡＢＣ社のスタッフとこの件について話し合う必要がありますね。

---

**We need** the item to be delivered by July 20.
その商品を7月20日までに届けていただく必要があります。

---

## I need ~.

~が必要です／~する必要があります

□ ① あなたの助けが必要です。

□ ② 約束をキャンセルしないといけない。

□ ③ 上司に聞かないといけません。

□ ④ 今日は30分ほど早く帰る必要があります。

□ ⑤ 2時までには会社に戻らないといけません。

□ ⑥ 来週の金曜日に休みが必要です。

□ ⑦ 誰かアシスタントしてくれる人を探さないと。

□ ⑧ みなさん集中しましょう（我々は集中しなくてはいけない）。

□ ⑨ 8月1日までに見積もりが必要です。
　　ヒント：見積もり＝ estimate

□ ⑩ 新しい取引先を早急に見つけないといけません。

① **I need** your help.

② **I need** to cancel my appointment.

③ **I need** to ask my boss.

④ **I need** to leave 30 minutes early today.

⑤ **I need** to get back to the office by 2:00.

⑥ **I need** to take Friday off next week.

⑦ **I need** to find someone to assist me.

⑧ **We need** to focus.

⑨ **We need** an estimate by August 1.

⑩ **We need** to find new clients immediately.

## 10

🔊 13

# I'll ～.

## ～するつもりです／～しておきます

---

**基本フレーズ**

**I'll talk about this with Karen.**

この件については、カレンと話しておきます。

---

will は「～する予定です」という意味ですが、I のあとに続けて **I'll ～.** と言うと「必ず～しておきます」というニュアンスになるので、やり忘れてはいけないことを頼まれたときなどに使えます。**I'll do it.** と言えば「必ずやります」という意味になります。映画の『ターミネーター』の有名なセリフ、**I'll be back.** も「何が何でも戻ってきてやる」という強い意思が込められています。

**プラスアルファ！**

**be going to** も「～するつもりです」という意味ですが、I'm going to do it. と言うと、自分の意思とは関係なく「それをやることになっている」という単なる予定を表すフレーズになります。

## I'll be right back.
(会議などで中座するときに)すぐに戻ります。

## I'll do my best.
ベストを尽くします。

## I'll send you a contract by Friday.
金曜日までに契約書を送ります。

## I'll gather the materials.
資料は私が集めておきます。

## I'll be careful from now on.
以後注意いたします。

## I'll make the desired amendments.
ご指示通りに修正しておきます。

## I'll make up for the loss.
損失は私が埋め合わせをいたします。

## I'll look into it and contact you later.
調べてあと連絡します。

## I'll call you back when we decide on a definite time.
時間がはっきり決まり次第、また連絡いたします。

## I'll ~.

~するつもりです／～しておきます

□ ① すぐにかけなおします。

□ ② 予定を調整します。

□ ③ 1時間後には戻ります。

□ ④ 明日の資料をお送りします。

□ ⑤ 変更についてみんなにメールしておきます。

□ ⑥ 何が起こったのかわかり次第、お返事いたします。

□ ⑦ 会議の開始時間を確認しておきます。
ヒント：確認する＝ confirm

□ ⑧ 7月10日から16日までジャカルタにおります。

□ ⑨ 9月3日から不在にいたします。

□ ⑩ 戻り次第、なるべく早めにお返事いたします。

① **I'll** call you back soon.

② **I'll** arrange my schedule.

③ **I'll** be back in an hour.

④ **I'll** send you the materials for tomorrow.

⑤ **I'll** e-mail everybody about the changes.

⑥ **I'll** reply as soon as I know what happened.

⑦ **I'll** confirm the starting time of the meeting.

⑧ **I'll** be in Jakarta from July 10 to 16.

⑨ **I'll** be out of town from September 3.

⑩ **I'll** reply to you as soon as possible when I get back.

## I'll take care of 〜.

🔊14

〜は私が対応(担当)します／〜は任せてください

**— 基本フレーズ —**

**I'll take care of** the customers.

そのお客様には私が対応します。

take care of は「対応する、対処する」という意味ですので、**I'll take care of 〜.** で「〜は私が対応(担当)します」という意味になります。**I'll take care of it.**(私にお任せください)は、何かを自分に任せてもらいたいときの定番フレーズで、仕事に前向きな印象が与えられます。

**パターントレーニング**

□ ① この問題は私に任せて。

□ ② 交渉は私に任せてください。

□ ③ 議事録はお任せください。
ヒント:議事録= meeting minutes

□ ④ 予約は私がやっておきます。

□ ⑤ その資料の印刷は私がやっておきます。

このパターンでこんなことが言えます！

**I'll take care of** the rest.
あとはお任せください。

**I'll take care of** cleaning up.
片付けは任せてください。

**I'll take care of** making the copies.
コピーは私がとっておきます。

**I'll take care of** trying to convince the boss.
上司の説得は任せてください。

① **I'll take care of** this problem.

② **I'll take care of** the negotiations.

③ **I'll take care of** the meeting minutes.

④ **I'll take care of** making the reservations.

⑤ **I'll take care of** printing out the documents.

## 11

■)) 15

# I'd like to ～.

## ～をしたいのですが

---

**基本フレーズ**

**I'd like to** cancel my order.

注文を取り消したいのですが。

---

**I'd like to** は I would like to の略で、「～をしたいのです
が」と自分の希望を伝えるときの丁寧な表現です。自分側
の都合や、自分のちょっとしたわがままなどを伝えるとき
は、**I want to** ではなく、より丁寧な言い方の I'd like to
を使ったほうがいいでしょう。

行動ではなく、何かモノが欲しい場合、つまり「～を欲しい
のですが」と言いたいときには、**I'd like a menu.**（メニュ
ーをいただきたいのですが）のように **to** を入れずに表しま
す。機内食で魚料理か肉料理かを聞かれたときも、**I'd like
fish.**（魚料理でお願いします）と答えるとスマートです。

---

**このパターンでこんなことが言えます！**

---

**I'd like to** take a break.
休憩をとりたいのですが。

**I'd like to** make a copy.
コピーをとりたいのですが。

---

**I'd like to** ask you a question.
質問があります。

---

**I'd like to** speak to Mr. Jones.
(電話で)ジョーンズさんをお願いします。

---

**I'd like to** ask for your opinion.
あなたのご意見をおうかがいしたいのですが。

---

**I'd like to** introduce you to my boss.
上司に紹介させてください。

---

**I'd like to** speak with you in private.
個人的にお話ししたいのですが。

---

**I'd like** something to drink.
何か飲み物が欲しいのですが。

---

**I'd like** some more time.
もう少しお時間をいただきたいのですが。

---

 パターントレーニング

## I'd like to ~.　　~をしたいのですが

□ ① 早めに出たいのですが。

□ ② 両替をしたいのですが。

□ ③ 予約をキャンセルしたいのですが。

□ ④ 日本語のパンフレットをいただきたいのですが。

□ ⑤ あなたとアイデアを共有したいのですが。

□ ⑥ 営業部の誰かと話したいのですが。

□ ⑦ 詳細を（あなたと）確認させていただきたいのですが。

□ ⑧ コーヒーをお願いします。

□ ⑨ 領収書をいただきたいのですが。
　　ヒント：領収書＝ receipt

□ ⑩ 窓際の席がいいのですが。

① **I'd like to** leave early.

② **I'd like to** exchange money.

③ **I'd like to** cancel my reservation.

④ **I'd like to** have a pamphlet in Japanese.

⑤ **I'd like to** share an idea with you.

⑥ **I'd like to** speak with someone in sales.

⑦ **I'd like to** confirm some details with you.

⑧ **I'd like** coffee.

⑨ **I'd like** a receipt.

⑩ **I'd like** a window seat.

# 12

◀))16

# I'm glad 〜.

〜でうれしいです

---

**基本フレーズ**

**I'm glad** I could help.

お役に立ててうれしいです。

---

glad は喜びの中でも、特にほっとした気持ち、何かがうまくいってうれしいという気持ちを表します。例えば、**I'm glad you came.**（来てくれてうれしいです＝よく来てくれました）と言うと、会えてうれしい気持ちと、相手が無事に来られてほっとしたという気持ちが伝わります。

**注意！**

meet には「初めて会う」という意味がありますので、**I'm glad to meet you.**（お会いできてうれしいです）は初対面のときだけに使うあいさつになります。二度目以降は I'm glad to **see** you **again**.（再会できてうれしいです）のように言います。

このパターンでこんなことが言えます！

**I'm glad** to see you (again).
お会いできて（また会えて）うれしかったです。

**I'm glad** to hear you say that.
そう言っていただけて何よりです。

**I'm glad** things worked out so well.
うまくいってほっとしています。

**I'm glad** to hear that you are well.
お元気そうで何よりです。

**I'm glad** you got a promotion.
昇進してよかった。

**I'm glad** for you.
それはよかったね。

**I'm glad** to make your acquaintance.
あなたと知り合いになれてよかった。

**I'm glad** to have done business with you.
お仕事ご一緒できてうれしかったです。

**I'm glad** you could join us today for the meeting.
本日は会議にご参加いただき、うれしく思います。

## I'm glad ~.　　　　~でうれしいです

□ ① お電話いただけてうれしいです。

□ ② それを聞いてよかった。

□ ③ あなたのご成功をうかがって大変うれしく思います。

□ ④ お目にかかれて大変うれしいです。

□ ⑤ あなたみたいな同僚がいてよかった。
　　ヒント：同僚＝ colleague

□ ⑥ プロジェクトが成功してよかった。

□ ⑦ 天気が良くてよかった。

□ ⑧ クライアントがこちらの提案を気に入ってくれてよかったです。

□ ⑨ その質問をあげてもらえてよかったです。

□ ⑩ 時間通りに報告書を提出してくれてよかったです。

① **I'm glad** you called me.

② **I'm glad** to hear that.

③ **I'm glad** to hear of your success.

④ **I'm** very **glad** to see you.

⑤ **I'm glad** to have a colleague like you.

⑥ **I'm glad** the project was a success.

⑦ **I'm glad** the weather is nice.

⑧ **I'm glad** the client liked our ideas.

⑨ **I'm glad** you brought that question up.

⑩ **I'm glad** you were able to submit the report on time.

# 13

# I'm sorry, but ～.

## 申し訳ありませんが、～です

― 基本フレーズ ―

**I'm sorry, but** he's on another line.

申し訳ありませんが、彼は別の電話に出ています。

相手からの依頼に応じることができないときや、相手にとって好ましくないことを伝えなくてはいけないときに、「申し訳ないのだけど」という気持ちが伝わる便利なフレーズです。まず、**I'm sorry** と謝罪の気持ちを述べることで、相手も「何かよくないことを話すんだな」と心の準備をすることができ、but 以下の悪いことをいきなり伝えるより相手のショックがやわらぐでしょう。

プラス
アルファ!

I'm sorry if I'm wrong, but ～ . は、これから述べることにいまひとつ自信がなく、「間違っているかもしれないんだけど……」と先にことわりを入れるときのフレーズです。カジュアルな場面では、I'm を省略して、Sorry で切り出してもOKです。

┌─────────────────────────────────┐
│ **このパターンでこんなことが言えます！** │
└─────────────────────────────────┘

**I'm sorry, but** I'll be late.
申し訳ありませんが、遅れてしまいます。

**I'm sorry, but** he's away from his desk.
申し訳ありませんが、彼は席を外しています。

**I'm sorry, but** you just missed her.
申し訳ないのですが、彼女は今帰りました。

**I'm sorry, but** I'm not available then.
申し訳ありませんが、その時間は手が空いていません。

**I'm sorry, but** that's confidential.
申し訳ありませんが、それは部外秘です。

**I'm sorry, but** I need three more copies.
悪いけど、もう3部コピーが要ります。

**I'm sorry, but** can you finish this first?
申し訳ありませんが、こちらを先に終わらせてもらえますか？

**I'm sorry, but** I'll need another day to prepare.
申し訳ないのですが、準備にもう1日必要です。

**I'm sorry, but** two of the items are out of stock.
あいにく、ご注文のうち2つが欠品中です。

## I'm sorry, but ~.　申し訳ありませんが、~です

□ ① 申し訳ないのですが、いま忙しいんです。

□ ② 申し訳ありませんが、彼は会議中です。

□ ③ 申し訳ないのですが、彼は出張に出ています。

□ ④ 申し訳ありませんが、もう行かなくてはなりません。

□ ⑤ 申し訳ありませんが、電車が遅れてしまったんです。

□ ⑥ 申し訳ありませんが、番号を書き留めるのを忘れました。
　　ヒント：書き留める= write down

□ ⑦ 申し訳ないのですが、あなたが何と書いたのか読めません。

□ ⑧ 残念ですが、あなたに辞めてもらわないといけません。
　　ヒント：~を辞めさせる= let ~ go

□ ⑨ 申し訳ありませんが、明日は息子の看病をしなくてはいけません。

□ ⑩ 申し訳ありませんが、2時から利用可能な会議室はありません。

① **I'm sorry, but** I'm busy now.

② **I'm sorry, but** he's in a meeting.

③ **I'm sorry, but** he's out of town.

④ **I'm sorry, but** I have to leave now.

⑤ **I'm sorry, but** the train was delayed.

⑥ **I'm sorry, but** I forgot to write down the number.

⑦ **I'm sorry, but** I can't read what you wrote here.

⑧ **I'm sorry, but** we're going to have to let you go.

⑨ **I'm sorry, but** I'll need to be with my sick son tomorrow.

⑩ **I'm sorry, but** no meeting rooms are available from 2:00.

## 14

# I apologize for ～.

## ～は申し訳ありませんでした

---

**基本フレーズ**

**I apologize for** missing the meeting.

会議を欠席してしまい、申し訳ありませんでした。

---

apologize は謝罪を表す言葉で、sorry よりもさらに丁寧な印象になるので、ビジネスにおいて真剣に謝りたいときに適しています。I apologize for のあとに、具体的に謝りたい事を続けて、「～に関して申し訳ありませんでした」というように使います。さらに丁寧に謝りたいときは、**I sincerely apologize for ～.** と言えば、「～に関して心からお詫びします」というニュアンスになります。

プラス
アルファ!

**My apologies.** は「すみませんでした」「私のミスです」と自分の過失を認めるときのひと言です。メールなどで何かこちら側に不手際があったことなどを述べたあとに、**Again, my apologies.**(改めて、申し訳ありませんでした)のように使ったりします。

## このパターンでこんなことが言えます！

**I apologize for** the trouble.
ご迷惑をおかけしてすみませんでした。

**I apologize for** the long silence.
ご無沙汰してしまってすみませんでした。

**I apologize for** any inconvenience.
ご不便おかけして申し訳ありません。

**I apologize for** this late notice.
お知らせが遅くなり申し訳ありません。

**I apologize for** keeping you so long.
長らくお引きとめしてしまい、申し訳ありませんでした。

**I apologize for** taking so much time to reply.
返信が大変遅くなり、申し訳ございません。

**I apologize for** the length of this letter.
長文失礼いたします。

**I apologize for** the delay in delivery.
配送が遅くなり申し訳ありません。

**I apologize for** not being able to meet your needs.
ご期待に添えず申し訳ありません。

パターン
トレーニング

# I apologize for ~.　~は申し訳ありませんでした

- □ ① 間違ってしまい申し訳ありません。

- □ ② 急なお知らせで申し訳ありませんでした。
  ヒント：急なお知らせ= short notice

- □ ③ こんな遅くに／早くに電話してすみません。

- □ ④ 昨日は早退させてもらってすみませんでした。

- □ ⑤ ファイルの添付を忘れてしまいすみませんでした。
  ヒント：添付する= attach

- □ ⑥ 締め切りを破ってしまい申し訳ございません。

- □ ⑦ このプロジェクトが失敗に終わってしまい、申し訳ありません。

- □ ⑧ 折り返しの電話をせずに申し訳ありませんでした。

- □ ⑨ 変更の連絡をせずに申し訳ありませんでした。

- □ ⑩ お役に立てなくて申し訳ありません。

① **I apologize for** the mistake.

② **I apologize for** the short notice.

③ **I apologize for** calling so late/early.

④ **I apologize for** going home early yesterday.

⑤ **I apologize for** forgetting to attach the file.

⑥ **I apologize for** missing the deadline.

⑦ **I apologize for** the failure of this project.

⑧ **I apologize for** not returning your phone call.

⑨ **I apologize for** not informing you about the change.

⑩ **I apologize for** not being able to help you.

## 15

■)) 19

# When/Where/What/How can I ~?

いつ／どこで／何を／どうすれば～できますか？

---

**基本フレーズ**

## Where can I make copies?

どこでコピーがとれますか？

---

**Where can I ~ ?** で「どこで～できますか？」という意味
で、自分のしたいことができる場所を問うときに使いま
す。I のあとには動詞の原形を続けます。また、Where の
ほかの疑問詞、When/What/How などを使って、「いつ／
何を／どうすれば～できますか？」という意味にも使えま
す。

Where can I wash up? で「手を洗う場所はどこです
か？」という意味ですが、つまり「お手洗いはどこです
か？」と問うフレーズです。訪問先などで、間接的にト
イレの場所を尋ねるときに便利です。

## このパターンでこんなことが言えます！

**When can I** get the new PC?
新しいパソコンはいつ手に入りますか？

---

**When can I** get that product?
その商品はいつ入手できますか？

---

**When can we** meet?
いつお会いできそうでしょうか？

---

**Where can I** download the catalog?
（ウェブサイトなどの）どこでカタログをダウンロードできますか？

---

**Where can I** get my computer fixed?
どこで私のパソコンを直してもらえますか？

---

**What can I** do to avoid this problem?
この問題を防ぐにはどうすればいいでしょうか？

---

**What can I** do to increase the speed?
スピードを上げるにはどうすればいいのでしょうか？

---

**How can I** contact George?
どうやったらジョージと連絡がとれるでしょうか？

---

**How can I** change the cartridge?
カートリッジの交換はどうやればいいでしょうか？

---

**When/Where/What/How can I ~?** いつ/どこで/何を/どうすれば~できますか？

□ ① 注文した品はいつ受け取れますか？

□ ② いつ電話してもよろしいですか？

□ ③ いつ追加注文できますか？

□ ④ どこでタバコが吸えますか？

□ ⑤ もっと丈夫なコピー機はどこで買えるでしょうか？
　　ヒント：丈夫な= durable

□ ⑥ どうすればインターネットに接続できますか？

□ ⑦ どうやれば広告コストを減らせるでしょうか？

□ ⑧ どうすればいいコンサルタントが見つかるでしょうか？

□ ⑨ お客様を増やすために何ができるでしょうか？

□ ⑩ SNSを使ってどんな宣伝ができるでしょうか？

① **When can I** get our order?

② **When can I** call you?

③ **When can I** place another order?

④ **Where can I** smoke?

⑤ **Where can I** buy a more durable copy machine?

⑥ **How can I** connect to the Internet?

⑦ **How can I** lower my advertising costs?

⑧ **How can I** find a good consultant?

⑨ **What can I** do to bring in more customers?

⑩ **What can I** do to advertise using social networking sites?

## 16

■) 20

# We can/can't 〜.

## （当社は）〜できます／できません

---

**基本フレーズ**

## **We can't** offer a further discount.

これ以上の値引きはいたしかねます。

---

ビジネスシーンにおいて、「〜できる」「〜できない」ということを、会社の代表として回答する場合には、Iではなく We を主語にし、We can/can't で切り出します。例えば、相手から製品に関して値引きできるかどうかを尋ねられたときは、**We can/can't give you a discount.**（お値引きすることができます／できかねます）のように言います。

プラス
アルファ！

相手の申し入れなどを断るとき、We can't accept that. だと、「受け入れられません」とかなりきっぱりしすぎていて、取りつく島もない感じです。**We're very sorry, but we can't accept that.**（申し訳ありませんが、受け入れられません）や、**We'd like to say yes, but we can't.**（はいと言いたいところですが、できないのです）のような言い方がソフトなニュアンスになっておすすめです。

このパターンでこんなことが言えます！

**We can** ship by Friday.
金曜日までに発送可能です。

**We can** give you a 10% discount.
10%の値引きが可能です。

**We can't** accept any returns.
返品はお受けできません。

**We can't** sign the contracts.
契約書にサインはできません。

**We can't** meet your request.
弊社は御社のご要望にはお応えできません。

**We can** easily send you 1,000 units per month.
毎月1000個お届けするのはお安い御用です。

**We can't** force the factory to do anything more.
工場にこれ以上無理は言えません。

**We can** provide you with a better price than anyone else.
他よりもお安く提供できます。

**We can** offer a 20% discount on bulk deliveries.
大口注文であれば20%のお値引きが可能です。

## We can/can't ~. (当社は)~できます／できません

- [ ] ① ロンドンへの発送が可能です。

- [ ] ② 代替案を提案することもできます。
  ヒント：代替案= alternative

- [ ] ③ この件について来週会って話せるでしょう。

- [ ] ④ 事業拡大のお力になれるかと思います。

- [ ] ⑤ これらの条件には同意できません。

- [ ] ⑥ これ以上納期を早めることはできません。

- [ ] ⑦ 社員にこれ以上残業をさせられません。

- [ ] ⑧ ソーシャルメディアを使ってそれらを宣伝することが可能です。

- [ ] ⑨ 両者が納得できる条件が見つかるはずです。
  ヒント：納得できる条件= agreeable terms

- [ ] ⑩ 100個のご購入であれば2ドルに値引きできます。

① **We can** ship to London.

② **We can** offer an alternative.

③ **We can** meet to discuss this next week.

④ **We can** help you expand your company.

⑤ **We can't** agree to these terms.

⑥ **We can't** move the deadline up any further.

⑦ **We can't** make employees work more overtime.

⑧ **We can** promote them using social media.

⑨ **We can** find agreeable terms for us both.

⑩ **We can** lower the price to $2 for 100 units.

# 17

# We have ～.

（当社には）～があります

---

**— 基本フレーズ —**

**We have** offices in Tokyo and Kyoto.
東京と京都にオフィスがあります。

---

**We have ～.** で「当社には～があります」と、自社の持っているものを表すときに使います。We have an inquiry form on our website.（当社のサイトに質問フォームがあります）のように単に提供しているものを述べるときだけでなく、**We have confidence in ～.**（～に自信があります）のように自社の長所を先方にアピールするときにも使えます。また、**We have complaints about ～.**（～に関して不満があります）というフレーズもよく使われます。

プラスアルファ！

> 重大な発表があるときの前置き表現として、**We have an announcement to make.** というフレーズがあります。社屋が移転する、社長が代わる、といった会社にとって比較的よいニュースを伝えるときに使います。個人的な結婚や妊娠などの報告の前置きにも使われます。

94

## このパターンでこんなことが言えます！

**We have** a 20% share in the market.
当社は業界で20%のシェアがあります。

**We have** branches in Singapore and Beijing.
シンガポールと北京に支社があります。

**We have** a free one-year warranty.
1年間の無料保証があります。

**We have** 30 years of experience in design.
デザインに関して30年の実績がございます。

**We have** a wide variety of designs.
バリエーション豊かなデザインを揃えております。

**We have** confidence in our new product.
新製品には自信があります。

**We have** a lot of outstanding employees.
当社には優秀な社員がたくさんおります。

**We have** a trusting relationship with our customers.
お客様との信頼関係があります。

**We have** a complaint about the details of the contract.
契約内容に不満があります。

## We have ~.　　(当社には)～があります

□ ① 当社には長い歴史があります。

□ ② 当社には経験と人脈があります。

□ ③ 弊社はサービスには自信があります。

□ ④ 世界中にクライアントがいます。

□ ⑤ アジアにおいて巨大な市場があります。

□ ⑥ きっと気に入っていただける自信があります。

□ ⑦ 当社はこの分野における経験が豊富です。

□ ⑧ 弊社には経験豊かなスタッフがいます。

□ ⑨ 我が社はＩＴ業界において高い評価を得ています。
　　ヒント：評価＝ reputation

□ ⑩ 当社には他社にない強みがあります。

① **We have** a long history.

② **We have** experience and connections.

③ **We have** confidence in our service.

④ **We have** clients throughout the world.

⑤ **We have** a huge market in Asia.

⑥ **We have** confidence that you'll like it.

⑦ **We have** a lot of experience in this field.

⑧ **We have** staff with a lot of experience.

⑨ **We have** a high reputation in the IT field.

⑩ **We have** strengths that other companies don't.

## 18

🔊22

# Would you like to ～?

## ～したいですか？

---

**基本フレーズ**

## Would you like to see the draft?

下書きをご覧になりたいですか？

---

**Would you like to ～?** は、Would you like to come with us?（私たちと一緒に来たいですか？）のように誰かを誘ったり、相手の希望や意思を尋ねるときの丁寧なフレーズです。like のあとに **me** が入ると、「私に～してほしいですか？」、つまり「(私が) ～しましょうか？」という意味になります。例）Would you like **me** to copy these?（コピーをとりましょうか？）

プラスアルファ！

**What** would you like to eat? のように、頭に疑問詞を使ったフレーズもバリエーションとして覚えておくと便利です。**Where** would you like to go?（どこへ行きたいですか？）、**How** would you like to pay?（お支払いはどうされますか？）など、幅広く応用できます。

## このパターンでこんなことが言えます！

**Would you like to** sit down?
おかけになりませんか？

**Would you like to** hold?
（電話で）切らずにお待ちになりますか？

**Would you like to** see our factory?
当社の工場を見学しませんか？

**Would you like to** have an extra copy?
もう1部コピーが必要ですか？

**Would you like to** add anything?
何か付け加えたいことはありますか？

**Would you like to** meet Mr. Brown of ABC?
（人を紹介するときに）ABC社のブラウンさんにお会いになりますか？

**Would you like to** see the latest product catalog?
最新の製品カタログをご覧になりますか？

**Would you like** me **to** forward her e-mail to you?
彼女のメールを転送しましょうか？

**Would you like** him **to** call you back?
彼にかけ直させましょうか？

## Would you like to ~?　～したいですか？

□ ① 会議に参加しませんか？

□ ② 何か食べましょうか？

□ ③ 下書きをチェックされますか？

□ ④ ご伝言を残されますか？

□ ⑤ 契約書の最終版をご覧になりますか？
ヒント：契約書の最終版＝ finalized contract

□ ⑥ 会議のあとに食事でも行きませんか？

□ ⑦ 彼抜きで会議を始めませんか？

□ ⑧ ご伝言を承りましょうか？

□ ⑨ 見積もりをお送りしましょうか？

□ ⑩ 領収書をメールでお送りしましょうか？

① **Would you like to** join the meeting?

② **Would you like to** eat something?

③ **Would you like to** check the draft?

④ **Would you like to** leave a message?

⑤ **Would you like to** see the finalized contract?

⑥ **Would you like to** have dinner after the meeting?

⑦ **Would you like to** start the meeting without him?

⑧ **Would you like** me **to** take a message?

⑨ **Would you like** me **to** send you an estimate?

⑩ **Would you like** me **to** e-mail your receipt?

## 19

◀))23

# Let's ～.

### ～しましょう

---

**基本フレーズ**

## Let's change the subject.

話題を変えましょう。

---

**Let's** のあとに動詞の原形を続けて、「～しましょう」と誰かに自分がいいと思うことを提案するときのフレーズです。相手が承諾してくれることを前提にした積極的な勧誘フレーズです。また、軽い命令をソフトなニュアンスでしたいときも、**Let's wait and see.** (時期を見よう。つまり、時期を待ちなさい、という意味) のように使えます。

注意!

仕事を「ここまでにしよう」と終わらせるときの掛け声として、Let's finish. と言ってしまうと、「この仕事を最後まで終わらせよう」という意味になってしまいます。**Let's finish up here.** や **Let's call it a day.** (今日はここまでにしておきましょう) を使います。

このパターンでこんなことが言えます！

**Let's** get started.

そろそろ始めましょう。

**Let's** keep in contact.

連絡を取り合っていきましょう。

**Let's** take a vote.

決を採りましょう。

**Let's** take our time.

ゆっくりやりましょう。

**Let's** get down to business.

本題に入りましょう。

**Let's** see what happens.

どうなるか様子を見てみましょう。

**Let's** make a backup of that data.

バックアップを取っておきましょう。

**Let's** think about it another way.

別の考え方もしてみましょう。

**Let's** summarize what we went over.

そろそろまとめましょう。

## Let's ~.　　　　　~しましょう

□ ① 休憩しましょう。

□ ② 明日のスケジュールを調整しましょう。

□ ③ もっと慎重に考えましょう。
　　ヒント：慎重に＝ carefully

□ ④ まず上司に聞いてみましょう。

□ ⑤ この会議を6時までに終わらせるようにしましょう。

□ ⑥ まずお互いの自己紹介から始めましょう。

□ ⑦ ケータリングを頼みましょう。

□ ⑧ ではまた5時にここで落ち合いましょう。

□ ⑨ 2つのプランを比べてみましょう。

□ ⑩ 良い点と悪い点を見てみましょう。

① **Let's** take a break.

② **Let's** arrange tomorrow's schedule.

③ **Let's** think more carefully.

④ **Let's** ask our boss first.

⑤ **Let's** try to finish this meeting by 6:00.

⑥ **Let's** begin by introducing ourselves.

⑦ **Let's** hire a catering service.

⑧ **Let's** meet back here at 5:00.

⑨ **Let's** compare the two plans.

⑩ **Let's** look at the pros and cons.

# Let me ～.

## ～させてください

---

**基本フレーズ**

**Let me** ask you a few questions.

いくつか質問をさせてください。

---

**Let me ～.** は、「(私に) ～させてください」と相手に許可を求めるときの言い方です。同じく許可を求める表現である **Can I ～?** や **May I ～?** が「～してもいいですか?」と相手に判断をゆだねているのに対し、Let me ～. は自分が実行することを前提に相手に提案する言い方です。「自分がやります」「自分がやりたい」と意欲的なニュアンスが込められるので、積極的に申し出るときに使います。

プラス
アルファ!

何か質問されて、すぐに答えられないようなとき、日本語の「え～と」「そうですね～」に当たるのが **Let me see...** です。これを使うと、自然に時間稼ぎができます。また、答えを求められて、よく考えたいときにネイティブが使うのが **Let me sleep on it.** というフレーズです。「よく考えさせてください」という意味です。

> このパターンでこんなことが言えます！

**Let me** introduce myself.
自己紹介をさせてください。

---

**Let me** show you some samples.
サンプルをいくつかお見せしましょう。

---

**Let me** take your coat.
コートをお預かりします。

---

**Let me** buy you a drink.
一杯おごらせてください。

---

**Let me** make sure I understand.
ちゃんと理解しているかどうか確認させてください。

---

**Let me** discuss this with my superiors.
この件に関しては上司と相談させてください。

---

**Let me** think about this for a minute.
ちょっと考える時間をください。

---

**Let me** take you to the conference room.
会議室へご案内いたします。

---

**Let me** call you back in five minutes.
5分後に折り返しお電話させていただきます。

---

## Let me ~.　　～させてください

□ ① 私に説明させてください。

□ ② お手伝いさせてください。

□ ③ 私が持ちますよ。

□ ④ 私が戸締りをします。

□ ⑤ 私にやらせてください。

□ ⑥ タケシを紹介させてください（タケシについて
お話しさせてください）。

□ ⑦ 一つ提案させてください。

□ ⑧ 上司に確認させてください。

□ ⑨ どうやればいいか私がお見せしますね。

□ ⑩ いくらになるか計算してみますね。

① **Let me** explain.

② **Let me** help you.

③ **Let me** hold it.

④ **Let me** lock up.

⑤ **Let me** do that for you.

⑥ **Let me** tell you about Takeshi.

⑦ **Let me** make one suggestion.

⑧ **Let me** check with my supervisor.

⑨ **Let me** show you how to do it.

⑩ **Let me** calculate how much it will cost.

# Please let me know if ~.

## ～であればお知らせください

—— 基本フレーズ ——

**Please let me know if** there are any problems.

何か問題があればお知らせください。

let me know で「教えてください」という意味ですので、**Please let me know if ～ .** で「if 以下だったら、ぜひ教えてください」という意味になります。「どうか遠慮なく言ってください（知らせてください）」と丁寧に申し出るときのフレーズです。

パターン
トレーニング

□ ① 助けが必要であればお知らせください。

□ ② お疲れでしたらお知らせください。

□ ③ 気が変わったら教えてください。

□ ④ 私にできることがあればお知らせください。

□ ⑤ 弊社の商品に不備があればお知らせください。

> ## このパターンでこんなことが言えます！

**Please let me know if** you are interested.
ご興味がおありでしたらご連絡ください。

**Please let me know if** anything changes.
何か変更があればお知らせください。

**Please let me know if** you will be late.
遅れる場合はご連絡ください。

**Please let me know if** you have any further questions.
他にご不明点などございましたらお知らせください。

① **Please let me know if** you need any help.

② **Please let me know if** you're tired.

③ **Please let me know if** you change your mind.

④ **Please let me know if** there's anything I can do.

⑤ **Please let me know if** you are unhappy with our product.

**PART**

**2**

これで外国人上司も怖くない！

# 職場で
# 大活躍する
# 基本パターン20

■)) 26

# How was 〜?

## 〜はどうでしたか？

---

**基本フレーズ**

## **How was** the negotiation with A?

A社との交渉はどうでしたか？

---

**How was 〜 ?** は、was のあとに出来事やイベントごとを
続けて、「〜はどうでしたか？」と yes/no では答えられ
ないような「感想」を求めるときの表現です。感想を聞く
対象が holidays のように複数形になるときは、How were
になるので気をつけましょう。**How was it?** で「どうだ
ったの？」と相手の話へのあいづちとしてよく使います。

プラス
アルファ！

**How was your flight?** は「飛行機はどうでした
か？」と、飛行機で到着したばかりの人によく聞く定番
フレーズです。これは話のきっかけとして使われること
が多いので、自分がこう聞かれたとき、飛行機がどんな
感じだったかを生真面目に答えなくても大丈夫です。

┌─────────────────────────────────┐
　　　　**このパターンでこんなことが言えます！**
└─────────────────────────────────┘

## How was your weekend?
週末はいかがでしたか？

## How was your winter vacation?
冬休みはいかがでしたか？

## How was the meeting yesterday?
昨日の会議はどうでしたか？

## How was your business trip to Europe?
ヨーロッパへの出張はどうでしたか？

## How was everyone at headquarters?
本社のみなさんのご様子はどうでしたか？

## How were your sales visits last week?
先週の営業訪問はどうでしたか？

## How were the results of the survey?
アンケートの結果はどうでしたか？

## How were your June sales?
6月の御社の売り上げはいかがでしたか？

## How were our sales figures last quarter?
前期の我々の売上高はどうでしたか？

## How was ~?　　~はどうでしたか？

□ ① ジェームスのスピーチはどうでしたか？

□ ② 面接はどうでしたか？

□ ③ お休みはどうでしたか？

□ ④ 彼らのプレゼンはどうでしたか？

□ ⑤ マドックスさんとの夕食はどうでしたか？

□ ⑥ ＡＢＣ社との初めての打ち合わせはどうでしたか？

□ ⑦ シカゴ支店の状況はどんな様子でしたか？

□ ⑧ ＡＢＣ社の新作発表会はどうでしたか？

□ ⑨ 今朝の（ここに来るまでの）交通状況はどんなでしたか？

□ ⑩ 今期の我が社の業績はどうでしたか？

① **How was** James' speech?

② **How was** the interview?

③ **How were** your holidays?

④ **How was** their presentation?

⑤ **How was** the dinner with Ms. Maddox?

⑥ **How was** the first meeting with ABC?

⑦ **How was** the situation at the Chicago branch?

⑧ **How was** ABC's new product announcement?

⑨ **How was** traffic on the way here this morning?

⑩ **How was** our performance this quarter?

## 22 How's (How is) 〜？

●)) 27

### 〜はどうですか？

---

**基本フレーズ**

**How's** your new job?

新しい仕事はどうですか？

---

**How's (How is) 〜?** は、仕事の感想や感触などを尋ねる
ときに使います。日常会話でも **How's the weather?**（天
気はどんな感じ？）、**How's everyone?**（みなさんはどん
なご様子ですか？）のように、対象になる人や物事の様子
や調子を聞くときに使います。

「調子はどう？」「お元気ですか？」などとあいさつをするとき、
How's で始まるフレーズがよく使われます。**How's work/
business?**（仕事の調子はどう？）、**How's everything?**（調
子はどう？）、**How's life?**（最近の調子はどう？）など、いろ
いろなバリエーションを覚えておくと便利です。

## このパターンでこんなことが言えます！

## **How's** the new software?
新しいソフトウェアはいかがですか？

## **How's** the new staff member?
新人の働きぶりはどうですか？

## **How's** the situation in Tokyo?
東京の状況はいかがですか？

## **How's** it over there?
そちらはどんな感じですか？

## **How's** the new product selling?
新製品の売り上げはどうですか？

## **How's** the construction coming?
工事は順調に進んでいますか？

## **How's** it coming along?
進行状況はいかがですか？

## **How's** the HR department responding?
人事部からの回答はどうでしたか？

## **How's** our number of customers compared to last month?
先月と比べてお客様の入りはどんな感じですか？

パターン
トレーニング

## How's (How is) ~? ~はどうですか？

- ☐ ① 新しい上司はどうですか？

- ☐ ② 新しいオフィスはいかがですか？

- ☐ ③ 新しい部署はどうですか？

- ☐ ④ 新しいサービスプランはどうですか？

- ☐ ⑤ トルコへの出張はどうですか？

- ☐ ⑥ キャンペーンに対する顧客のフィードバックはどんな感じですか？

- ☐ ⑦ ニューヨークの天気はいかがですか？

- ☐ ⑧ 新しく会社に入った人はどうですか？

- ☐ ⑨ 私が提案した企画に対するみなさんの評判はいかがでしょうか？

- ☐ ⑩ 我々が送付したサンプルへの反応はどうでしたか？

① **How's** your new boss?

② **How's** the new office?

③ **How's** the new department?

④ **How's** the new service plan?

⑤ **How's** your business trip to Turkey?

⑥ **How's** customer feedback on the campaign?

⑦ **How's** the weather in New York?

⑧ **How's** your new co-worker?

⑨ **How's** everyone feeling about the plan I suggested?

⑩ **How's** the response to the samples we sent out?

# How's (the) 〜 going?

◀))28

〜はどうなっていますか？／〜はどういう状況ですか？

---
**基本フレーズ**

## How's the construction going?
工事は順調に進んでいますか？

How's 〜 going? は、何か進行中のものに対して進捗状
況を尋ねるときのフレーズです。特にビジネスでは、
How's the proposal going?（企画書はどうなってい
る？）のように、仕事やプロジェクトがうまく進んでいる
かどうかを聞くときに使います。

パターン
トレーニング

□ ① 交渉はどうなっていますか？

□ ② 会議はどういう状況ですか？

□ ③ オンラインショップはうまくいってますか？

□ ④ 特許の申請はうまく進んでいますか？
ヒント：特許の申請＝ patent application

□ ⑤ 事業拡大はうまくいってますか？

122

> ## このパターンでこんなことが言えます！

## How's the new project going?
新しいプロジェクトは順調ですか？

## How's the campaign going?
キャンペーンの調子はどうですか？

## How's your report going?
レポートはどうなっていますか？

## How's everything going so far?
今のところ万事うまくいってますか？

---

① **How's the** negotiation **going?**

② **How's the** conference **going?**

③ **How's the** online shop **going?**

④ **How's the** patent application **going?**

⑤ **How's the** expansion project **going?**

# 23

🔊 29

# How about 〜?

〜はどうでしょうか？

---

**基本フレーズ**

**How about** taking a break here?

ここらへんで休憩しませんか？

---

**How about 〜？** で「〜はどうですか？」と相手に尋ねる
ときのフレーズです。How about tomorrow?（明日なんて
どうでしょう？）のように使います。また、How about
having coffee?（コーヒーでも飲みませんか？）のように
**How about 動詞＋ing?** にすると、「〜するのはどうでし
ょうか？」と相手に軽く提案するフレーズになります。

プラス
アルファ！

相手に「あなたはどう思う？」と聞きたいときは、**How
about you?** と言います。何か質問されてとっさに答
えが浮かばないときは、このフレーズを使って質問した
相手もしくはその場にいる第三者に話を振り、先に答え
てもらうのも一つの会話テクニックです。

┌─────────────────────────────────────┐
│　　　このパターンでこんなことが言えます！　　　│
└─────────────────────────────────────┘

## **How about** a drink?

飲みに行きませんか？

## **How about** rebooting the server?

サーバを再起動したらどうでしょうか？

## **How about** hiring a temp?

派遣社員を雇ってはどうでしょうか？

## **How about** waiting until later?

あともう少し待ちませんか？

## **How about** leaving a few minutes early?

２、３分早めに出たらどうでしょうか？

## **How about** meeting at 3:30 instead of 3:00?

会議は、３時からではなく３時半からにしてはどうでしょう？

## **How about** going by taxi instead?

代わりにタクシーで行くのはどうでしょうか？

## **How about** confirming it just to be sure?

念のために確認をしてはどうでしょうか？

## **How about** asking Tom to handle this?

トムに対応してもらうのはどうかな？

## How about ~? ~はどうでしょうか?

- [ ] ① 日本料理はどうですか?

- [ ] ② デザインを変更してみてはどうでしょうか?

- [ ] ③ 会議の日時を改めてはどうでしょうか?

- [ ] ④ クライアントに直接聞いてみるのはどうでしょう?

- [ ] ⑤ 月に一度会議を開くのはどうでしょう?

- [ ] ⑥ 9時50分にロビーでお会いしませんか?

- [ ] ⑦ 来週の月曜日にランチミーティングするのはどうでしょうか?

- [ ] ⑧ 請求書を再発行してはいかがですか?
  ヒント:再発行する= reissue

- [ ] ⑨ これをこちらに動かしてはどうでしょうか?

- [ ] ⑩ クライアントに夕食でもごちそうしてはいかがでしょう?

① **How about** Japanese food?

② **How about** changing the design?

③ **How about** rescheduling the meeting?

④ **How about** asking the client directly?

⑤ **How about** having a monthly meeting?

⑥ **How about** meeting in the lobby at 9:50?

⑦ **How about** having a lunch meeting next Monday?

⑧ **How about** reissuing the invoice?

⑨ **How about** moving this over here?

⑩ **How about** taking the client out for dinner?

# Why don't you 〜?

## 〜したらどう？

---

**基本フレーズ**

**Why don't you** change to a smartphone?

スマートフォンに変えたらどう？

---

直訳では「あなたはどうして〜しないの？」ですが、「〜
したらどう？」と相手に提案するときに使います。**How
about 〜？**に比べて、口語的で、親しい相手に使うイメ
ージです。また、How about 〜？が「結果はわからない
けれども試してみたら？」というニュアンスなのに対し、
**Why don't you 〜？**は「〜したほうがいいと思うけど、
どう？」という自信ありのニュアンスになります。

プラス
アルファ！

自分も含めて「〜しない？」「〜でもしようか？」と提
案したいときは、**Why don't we** start from 5:00?
（5時スタートでどう？）のように **you** を **we** にしま
す。断られても気にしない程度の提案をするときに使い
ます。

> ## このパターンでこんなことが言えます！

## **Why don't you** complain?
文句を言ったら？

---

## **Why don't you** invite Tom?
トムも誘ったら？

---

## **Why don't you** change jobs?
転職したら？

---

## **Why don't you** ask for a transfer?
異動を申し出たらどう？

---

## **Why don't you** ask Mary for advice?
メアリーにアドバイスを求めたらどう？

---

## **Why don't you** go home early today?
今日は早退したらどう？（体調が悪そうな同僚に）

---

## **Why don't you** think it over?
考え直したらどう？

---

## **Why don't we** go for a walk?
散歩に行きませんか？

---

## **Why don't we** give it a try?
試しにやってみませんか？

## Why don't you ~? ～したらどう？

□ ① みんなに聞いてみなよ。

□ ② 上司に聞いてみたら？

□ ③ 彼女に今電話したらどう？

□ ④ うちのオフィスに来ない？

□ ⑤ 2〜3日休んだら？

□ ⑥ 法務部に相談してみたらどう？
　　ヒント：法務部= legal department

□ ⑦ トムに手伝ってもらったらどう？

□ ⑧ 少し値引きしたらどう？

□ ⑨ 今から休憩しませんか？

□ ⑩ ジョシュの歓迎会をしませんか？
　　ヒント：歓迎会= welcoming party

① **Why don't you** ask everyone?

② **Why don't you** ask your boss?

③ **Why don't you** call her now?

④ **Why don't you** come to my office?

⑤ **Why don't you** take a few days off?

⑥ **Why don't you** consult the legal department?

⑦ **Why don't you** ask Tom to help?

⑧ **Why don't you** lower the price a little?

⑨ **Why don't we** take a break now?

⑩ **Why don't we** have a welcoming party for Josh?

## 25

◀)) 31

# What does 〜 mean?

## 〜はどういう意味ですか？

---
**基本フレーズ**

### What does this error message mean?

このエラーメッセージはどういう意味ですか？

---

自分の知らない単語や表現が会話の中に出てきて、その意味を質問したいときは、**What does 〜 mean?** というフレーズを使います。〜の部分に意味を知りたい言葉を入れるだけでOK。また、**What does her smile mean?**（彼女のほほえみの意味はなんだろう？）のように、理由や原因が知りたいときにも使えます。

プラス
アルファ！

> 相手の発言などの意図がいまいちわからなかったり、もう少し噛み砕いた説明がほしいときは、**What do you mean?** というフレーズを使えば、「具体的にはどういう意味ですか？」と尋ねるひと言になります。

> ## このパターンでこんなことが言えます！

## What does "COD" mean?
「ＣＯＤ」とはどういう意味ですか？

## What does this word mean?
この言葉の意味はなんですか？

## What does this sign mean?
この張り紙の意味はなんですか？

## What does that smile mean?
あの笑みは何を意味するんだろう？

## What does she mean?
彼女が言っているのはどういう意味ですか？

## What does "family" mean to you?
あなたにとって「家族」とはどんな存在ですか？

## What does he mean to you?
あなたにとって彼はどういう存在ですか？

## What does "work" mean to Japanese?
「働く」とは日本人にとってどういう意味があるのでしょう？

## What does "temporary" mean in terms of time?
「当面」というと、どのくらいの期間のことですか？

パターン
トレーニング

| What does ~ mean? | ~はどういう意味ですか？ |

□ ① 「ASAP」とはどういう意味ですか？

□ ② 「ROE」とはどういう意味ですか？

□ ③ あれはどういう意味ですか？

□ ④ このデータはどういう意味ですか？

□ ⑤ この記事はどういう意味ですか？

□ ⑥ このしるしの意味は？

□ ⑦ 御社の社名の意味は何ですか？

□ ⑧ 今朝、彼からきたメールはどういう意味ですか？

□ ⑨ 彼の発言の意味はなんでしょうか？

□ ⑩ 円高と円安とはどういう意味ですか？

① **What does** "ASAP" **mean?**

② **What does** "ROE" **mean?**

③ **What does** that **mean?**

④ **What does** this data **mean?**

⑤ **What does** this article **mean?**

⑥ **What does** this mark **mean?**

⑦ **What does** your company's name **mean?**

⑧ **What does** the e-mail that came from him this morning **mean?**

⑨ **What do** his comments **mean?**

⑩ **What do** the terms "strong yen" and "weak yen" **mean?**

# Do you mean ～?

(相手の発言に対して)～ということですか?

― 基本フレーズ ―

### Do you mean I should redo it?

やり直したほうがいいということですか?

相手の言ったことなどに対し、自分の理解が間違ってないかどうかを確認するときに使うフレーズです。相手の言ったことが即座に信じられなくて、再度聞き返すようなニュアンスで使うこともあります。例) Do you mean you quit? (辞めるってこと⁉)

□ ① 難しいということですか?

□ ② 気に入らないということですか?

□ ③ あきらめるべきだということですか?

□ ④ 企画は却下されたということですか?

□ ⑤ 今日中にプレゼンの準備をしなくてはいけない
ということですか?

136

このパターンでこんなことが言えます！

## **Do you mean** it's impossible?
不可能ということですか？

## **Do you mean** you want to cancel?
キャンセルしたいということですか？

## **Do you mean** he's going to be fired?
彼はクビになるということですか？

## **Do you mean** we should stop doing business with ABC?
もうＡＢＣ社との取引はやめたほうがいいということですか？

① **Do you mean** it's difficult?

② **Do you mean** you don't like it?

③ **Do you mean** I should give up?

④ **Do you mean** that the proposal was rejected?

⑤ **Do you mean** that we have to prepare the presentation today?

## 26

◀)) 33

# It's ~ to ~.

~することは~です

---

**基本フレーズ**

**It's** important **to** know customer needs.
顧客のニーズを知ることは重要です。

---

**It's ~ to ~ .** は、自分の意見を相手にきっぱりと伝えたいときに使います。It's のあとに形容詞が続き、そのあとに to ＋動詞の原形をくっつけるパターンです。また形容詞と to の間に「**for ＋（人）**」を入れて「（人）にとって to 以下するのは～です」というパターンもよく使われます。フレーズ全体のニュアンスをソフトにしたい場合は、頭に **I think** をつけると語調がやわらぎます。

プラス
アルファ!

It's good ~ . は「～できて何よりです」という意味で、使い回しの利く切り出しフレーズです。たとえば、訪問先で It's good to be here.（ここに来られてよかったです）と言うと、訪問できた喜びや招かれたことへの感謝の気持ちが伝わります。

---

### このパターンでこんなことが言えます！

**It's** difficult **to** persuade Mr. Brown.
ブラウンさんを説得するのは大変です。

---

**It's** difficult **to** manage quality control.
商品の品質を保ち続けるのは難しい。

---

**It's** impossible **to** cut costs any further.
これ以上コストを削減するのは不可能です。

---

**It's** wonderful **to** have achieved our quota.
ノルマを達成するなんて素晴らしいです。

---

**It's** important **to** always try to save energy.
いつでも節電を心がけることが大切です。

---

**It's** a good idea **to** keep your desk organized.
机の整頓をするのはよい心がけです。

---

**It's** time consuming **to** write daily work summaries.
作業日報を書くのは時間の無駄です。

---

**It's** difficult **to** move the delivery date forward.
納期を早めるのは難しいです。

---

**It's** not necessary **to** wear a suit to work every day.
毎日スーツを着る必要はありません。

---

## It's ~ to ~.　　　~することは~です

□ ① 価格を下げるのは難しいです。

□ ② この締め切りに間に合わせるのは厳しいです。

□ ③ グリーンさんのアポをとるのは困難です。

□ ④ ＡＢＣ社を説得するのは無理です。

□ ⑤ 時間通りに終わらせることが重要です。

□ ⑥ データは常に保存することが必要です。

□ ⑦ 定期的にバックアップをとるのは賢明ですね。

□ ⑧ 経済の動向を予測するのは難しいです。
ヒント：予測する= foresee

□ ⑨ クライアントが何を望んでいるかを理解するのは難しいです。

□ ⑩ 作業用のパソコンを家に持ち帰ってもいいですよ。

① **It's** difficult **to** lower the price.

② **It's** difficult **to** meet this deadline.

③ **It's** difficult **to** make an appointment with Mr. Green.

④ **It's** impossible **to** convince ABC Company.

⑤ **It's** important **to** finish on time.

⑥ **It's** necessary **to** always save your data.

⑦ **It's** wise **to** back up your data regularly.

⑧ **It's** hard **to** foresee economic activity.

⑨ **It's** difficult **to** understand what our client needs.

⑩ **It's** all right **to** take your work computer home with you.

## 27

# It depends on 〜.

## 〜次第です

🔊34

---

**基本フレーズ**

**It depends on** the first-day sales figures.
初日の売れ行き次第です。

---

depend on 〜は「〜によって決まる」という意味ですので、**It depends on 〜.** で「〜次第」という意味になります。on 以下の状況や内容次第で結果や今後の行動が変わってくる、というときに使います。What about the time?（時間どうする？）などと聞かれ、「あなたが決めていいよ」と言いたいときには、**It depends on you.**（あなた次第です）という言い方をします。

プラス
アルファ！

**It depends.** だけでも「それは状況次第ですね」という意味でよく使われます。ほかに **That all depends.** もよく使われる表現です。即決できないことを聞かれて、That depends...と濁して使うこともあります。

## このパターンでこんなことが言えます！

**It depends on** the deadline.
締め切り次第ですね。

**It depends on** our budget this year.
今年の予算次第です。

**It depends on** the terms and conditions.
契約条件次第ですね。

**It depends on** how much it costs.
いくらかかるかによりますね。

**It depends on** how much time we have.
どのくらい時間があるかによりますね。

**It depends on** what the president thinks.
社長の意向次第ですね。

**It depends on** the outcome of the meeting.
それは会議の結果次第ですね。

**It depends on** the client's expectations.
それはクライアントの希望によりますね。

**It depends on** how many people come.
何人来るかによりますね。

## It depends on 〜. 〜次第です

□ ① あなたの予定次第ですね。

□ ② 日によります。

□ ③ 会社の士気次第ですね。
ヒント：士気＝ morale

□ ④ それはその国の法律次第ですね。

□ ⑤ それは何人出席するかによりますね（出席者数次第ですね）。
ヒント：出席者＝ attendee

□ ⑥ ご注文数によります。

□ ⑦ いつまでにご注文いただけるかによります。

□ ⑧ 終わる時間によります。

□ ⑨ あなたが何をしたいか次第ですね。

□ ⑩ それは交渉の結果次第ですね。

① **It depends on** your schedule.

② **It depends on** the day.

③ **It depends on** the company's morale.

④ **It depends on** the laws of the country.

⑤ **It depends on** the number of attendees.

⑥ **It depends on** the volume of orders.

⑦ **It depends on** when the order is received.

⑧ **It depends on** what time we finish.

⑨ **It depends on** what you want to do.

⑩ **It depends on** how the negotiations go.

## 28

◀)) 35

# It seems ～.

## どうやら～のようです

---

### 基本フレーズ

**It seems** that we have no choice.

どうやら私たちに選択肢はないようです。

---

**It seems ～.** は「どうやら～のようです」「～みたいですね」という意味で、It seems that he's busy.（彼は忙しいみたいですね）のように、状況や自分の見た印象、感触などを伝えるときに使うフレーズです。また It seems to be an unrealistic plan.（現実的なプランではなさそうですね）のように、自分の言葉が威圧的にならないようにしたいときにも使います。より口語的な言い方をしたいときや、あとに名詞が続く場合は、**like** をつけて It seems **like** it's going to rain.（雨が降りそうだ）といった言い方もします。

プラス
アルファ!

It seems ～のあとに、**to me** をつけると、「あくまでも私の意見なんだけど……」と断りを入れるような言い方になります。It seems impossible **to me**.（私には、それは実現不可能に思えます）のように使います。

> ## このパターンでこんなことが言えます！

## **It seems** that they are not satisfied.
彼らは満足していないようですね。

## **It seems** that business is going well.
そのビジネスはうまくいきそうですね。

## **It seems** it costs money to apply.
申請にはお金がかかるようです。

## **It seems** there is a mistake in the invoice.
請求書に間違いがあるようです。

## **It seems** to be getting more expensive.
価格が上がってきているみたいですね。

## **It seems** to be a bad idea to invest in that company.
その会社に投資するのはよくないと思います。

## **It seems** it's settled.
話がまとまったようですね。

## **It seems** we need more people to work on this project.
このプロジェクトにはもっと人手が要りそうです。

## **It seems** the project will be completed earlier than expected.
このプロジェクトは思ったよりも早く終わりそうです。

## It seems ～.　　どうやら～のようです

□ ① 今月は忙しくなりそうですね。

□ ② 我々は深刻なミスを犯してしまったようです。

□ ③ 先方はこちらの企画案を気に入ったようです。

□ ④ 有望市場のようですね。
ヒント：有望市場＝ promising market

□ ⑤ 彼はいつも文句を言っているみたいです。

□ ⑥ 海外支社はうまくいっていないようです。
ヒント：海外支社＝ overseas branches

□ ⑦ 状況は悪化しているみたいですね。

□ ⑧ 何か問題を抱えているみたいですね。

□ ⑨ 売り上げノルマは達成できそうです。

□ ⑩ 小さな企業がその市場に参入するのは厳しそうです。

① **It seems** that this will be a busy month.

② **It seems** that we've made a serious mistake.

③ **It seems** that they liked our proposal.

④ **It seems** like a promising market.

⑤ **It seems** like he's always complaining.

⑥ **It seems** our overseas branches aren't doing well.

⑦ **It seems** to be getting worse.

⑧ **It seems** to be having some problems.

⑨ **It seems** we will be able to meet our sales quotas.

⑩ **It seems** difficult for small companies to enter the market.

## 29

🔊 36

# ~ says ~.

### ～が～と言っています

---

**基本フレーズ**

He **says** the invoice should have arrived.

彼が請求書は到着しているはずだと言っています。

---

**主語＋ says ~ .** で「（人）が～と言っています」と誰かの意見や発言を第三者に伝えるときの言い方です。My boss says he'll be about 10 minutes late.（上司が10分ほど遅れると申しております）のように、says 以下に発言内容を続けます。

プラス
アルファ！

They say ~ . は、They say he's a great singer.（彼は偉大な歌手だと言われている）のように、「一般的には～だと言われている」というときにも使います。

―――― このパターンでこんなことが言えます！ ――――

He **says** the boss will be late.
彼はボスが遅れると言っています。

The boss **says** that we need to finish this.
上司がこれを終わらせる必要があると言っています。

She **says** that the meeting was cancelled.
会議はキャンセルになったと彼女は言っています。

Jason **says** the copier is broken.
ジェイソンがコピー機が壊れていると言っています。

Michael **says** the president will be here in 15 minutes.
マイケルは社長があと15分で到着すると申しております。

Mr. Tanaka **says** the plans haven't been approved.
田中がその企画はまだ許可が下りていないと言っています。

Mike **says** we should have the meeting without him.
マイクが自分抜きで会議をしてとのことです。

Our accountant **says** we need an invoice.
経理の者が請求書が必要だと申しています。

They **say** that the new system is difficult to use.
彼らは、新しいシステムは使いづらいと言っています。

## ~ says ~.　　~が~と言っています

- □ ① みんな計画の変更が必要だと言っています。

- □ ② ブラウンさんはもっと値下げしてほしいと言っています。

- □ ③ 上司が会議の日程を変えたいと言っています。

- □ ④ 彼の秘書が契約書は今日中に送ると言っています。

- □ ⑤ 彼女は明日までに商品がほしいと言っています。

- □ ⑥ キャシーがメールを転送すると言っています。

- □ ⑦ 彼は明日までにサンプルがほしいと言っています。

- □ ⑧ クリスが、我々は7:00には到着すると言っています。

- □ ⑨ 彼らはプロジェクターが必要だそうです。

- □ ⑩ 彼らは、私たちが値上げすべきだと言っています。
  ヒント：値上げ= price hike

① Everybody **says** we need to change our plan.

② Mr. Brown **says** he'd like you to lower the price.

③ Our boss **says** he'd like to reschedule the meeting.

④ His secretary **says** she will send the contract today.

⑤ She **says** she'd like the product by tomorrow.

⑥ Cathy **says** she's going to forward the e-mail to us.

⑦ He **says** he'd like the sample by tomorrow.

⑧ Chris **says** that we should be there by 7:00.

⑨ They **say** they need a projector.

⑩ They **say** we need a price hike.

# There's a problem with ～.

## ～に問題があります

---
**基本フレーズ**

**There's a problem with** the new LAN.

新しいLAN回線に問題があります。

---

ビジネスを進める上で何か問題がある場合は、それをきちんと伝えなくてはなりません。**There's (There is) a problem with ～ .** は、問題があることを報告したり指摘したりするときによく使う表現です。**There is a problem with scheduling.**（日程に問題があります）のように、「～に無理があります」というニュアンスで使うこともあります。

プラス
アルファ!

I have a problem with my ～ . で「私の～に問題があります」という意味で、I have a problem with my password.（パスワードに問題があります）や I have a problem with my stomach.（お腹の調子が悪い）のように、自分に関する事柄の調子がよくないことを表します。

> このパターンでこんなことが言えます！

**There's a problem with** the new system.
新しいシステムに問題があります。

**There's a problem with** your business proposal.
あなたの企画書に問題があります。

**There's a problem with** the order we placed.
注文品に問題があります。

**There's a problem with** the goods that we received.
受け取った商品に問題があります。

**There's a problem with** company morale lately.
最近の会社の士気に問題があります。

**There are some problems with** this report.
この報告書にはいくつか問題があります。

**There are some problems with** my computer.
私のパソコンにいくつか問題があります。

**There are some problems with** the way we ship products.
商品の出荷方法にいくつか問題があります。

**There are some problems with** our company's Internet work.
我が社のネット環境にいくつか問題があります。

## There's a problem with ~.　　~に問題があります

□ ① 新しい工場の機器に問題があります。

□ ② 顧客の満足度に問題があります。

□ ③ 政府からの承認を得るにあたって問題があります。

□ ④ 契約書の詳細について問題があります。

□ ⑤ 商品の売り方に問題があります。

□ ⑥ お送りいただいたファイルに問題がいくつかあるようです。

□ ⑦ 会議をキャンセルするといくつか問題が生じます。

□ ⑧ この企画書にはいくつか問題があります。

□ ⑨ このやり方にはいくつか問題点があります。

□ ⑩ 送っていただいたリンク先に問題があります。

① **There's a problem with** the new factory equipment.

② **There's a problem with** the level of customer satisfaction.

③ **There's a problem with** getting government approval.

④ **There's a problem with** the details of the contract.

⑤ **There's a problem with** our sales approach.

⑥ **There are some problems with** the file you sent.

⑦ **There are some problems with** canceling the meeting.

⑧ **There are some problems with** this proposal.

⑨ **There are some problems with** this approach.

⑩ **There are some problems with** the link you sent me.

## 31

■))38

# What if 〜?

もし〜だったらどうしましょう？

— 基本フレーズ —

**What if** we don't have any inventory?
もし在庫がなかったらどうしましょう？

**What if 〜？** は、**What if he's off today?**（もし彼が休み
だったらどうしましょう？）のように、if 以下の不測の事
態が起きたときどう対処したらいいか、前もって上司など
に指示をあおぐ際のフレーズです。

プラス
アルファ!

What if 〜？は、例文のように「〜だったらどうしまし
ょう？」と指示をあおぐほかにも、**What if we work
with ABC Company?**（ABC 社と取引してみてはど
うでしょうか？）と自分の意見をそれとなく相手に伝え
るときにも使えます。

> ## このパターンでこんなことが言えます！

## **What if** the contract gets canceled?
もし契約を打ち切られたらどうしましょう？

## **What if** they say no?
もしノーと言われたらどうしましょう？

## **What if** they ask for a price cut?
もし値下げを要求されたらどうしましょう？

## **What if** the typhoon hits us?
もし台風がきたらどうしましょう？

## **What if** we get more participants?
参加人数が増えたらどうしましょうか？

## **What if** the meeting was cancelled?
会議がキャンセルされたらどうしましょう？

## **What if** she didn't get the e-mail?
彼女がメールを受け取っていなかったらどうしましょうか？

## **What if** he wants to reschedule the meeting?
彼が会議のリスケを希望したらどういたしましょう？

## **What if** they can't make it to the meeting?
もし彼らが会議に間に合わないときはどうしましょう？

## What if ~?

もし~だったらどうしましょう?

- □ ① 締め切りに間に合わなかったらどうしましょう?

- □ ② 誰も興味を示さなかったらどうしましょう?

- □ ③ ネットがつながらなかったらどうしましょう?

- □ ④ 納期を早められたらどうしましょう?

- □ ⑤ 不在の間に電話がきたらどうしましょうか?

- □ ⑥ クライアントから追加依頼がきたらどうしましょうか?

- □ ⑦ 荷物が予定通り届かなかったらどうしましょう?

- □ ⑧ 上司が私たちのプレゼンを気に入らなかったらどうしましょう?

- □ ⑨ 彼らが我々の契約条件に納得してくれなかったらどうしましょう?

- □ ⑩ 彼らが当社に来る途中、迷ってしまったらどうしましょうか?

① **What if** we fail to meet the deadline?

② **What if** no one's interested?

③ **What if** we can't connect to the Internet?

④ **What if** the deadline is moved up?

⑤ **What if** we get a call while we're out?

⑥ **What if** the client asks for more?

⑦ **What if** the shipment doesn't arrive on time?

⑧ **What if** our supervisor doesn't like our presentation?

⑨ **What if** they don't agree to our terms?

⑩ **What if** they get lost on the way to our office?

# 32

# What should we do (with) ~?

## ~はどうすればいいでしょう？

---

**基本フレーズ**

**What should we do with** the collected data?

集めたデータはどうすればいいでしょうか？

---

何か問題が起きたときや、自分自身では判断ができない案件に関して、上司に指示をあおぐときの言い方です。
**What should we do with the samples?**（サンプルはいかがいたしましょう？）のように使います。

プラス
アルファ！

**What should be done about ~?** は「～について何がなされるべきか？」が直訳で、「～はどうしたらいいでしょうね？」「～に関してどうするのが一番でしょうか？」と about 以下の問題点などへの最善策を聞くようなときに使います。

---

このパターンでこんなことが言えます！

---

**What should we do with** these results?
これらの結果についてどうしますか？

---

**What should we do with** these parts?
これらの部品はどういたしましょう？

---

**What should we do with** these old office chairs?
これらの古い事務用椅子についてはどうしましょうか？

---

**What should we do with** the previous design?
前回のデザインについてはどうしましょうか？

---

**What should we do with** the old model?
旧型についてはどうしますか？

---

**What should we do with** the extra materials?
余った資料はどうしましょうか？

---

**What should we do with** this extra computer?
この余ったパソコンはどうすればいいでしょうか？

---

**What should be done about** the database issues?
データベースの問題についてどうしましょうか？

---

**What should be done about** the shipping problem?
発送の問題についてどうしますか？

---

パターン
トレーニング

## What should we do (with) ~? ~はどうすればいいでしょう?

□ ① スケジュールについてどうしますか?

□ ② この臨時収入についてどうしますか?
ヒント:臨時収入= extra revenue

□ ③ 過剰生産についてどうしますか?
ヒント:過剰生産= excess inventory

□ ④ 見本の部品はどうしましょうか?

□ ⑤ 新しいフォークリフトはどうしますか?

□ ⑥ 余ったヘルメットについてはどういたしましょう?
ヒント:ヘルメット= hard hat

□ ⑦ 新しい予算からのお金はどうしますか?

□ ⑧ 社長の誕生日には何をすればいいでしょう?

□ ⑨ 社内コミュニケーションの改善にはどうすれば
いいでしょうか?

□ ⑩ 他のクライアントを失うのを避けるためにどう
すればいいでしょうか?

① **What should we do with** the schedule?

② **What should we do with** the extra revenue?

③ **What should we do with** the excess inventory?

④ **What should we do with** the prototype parts?

⑤ **What should we do with** the new forklift?

⑥ **What should we do with** these extra hard hats?

⑦ **What should we do with** the money from our new budget?

⑧ **What should we do** for the president's birthday?

⑨ **What should we do** to improve internal communications?

⑩ **What should we do** to avoid losing another client?

## 33

🔊40

# Maybe we should ～.

～すべきでしょう／～したらいかがでしょう？

---

**基本フレーズ**

**Maybe we should** get ideas from our staff.

スタッフから意見を聞いたらどうでしょうか？

---

上司などに「～すべきです」と意見を言うとき、**We should ～.** だとやや強すぎる印象があります。頭に **Maybe** を付けることで、「～すべきでしょう」「～したらいかがでしょうか？」とソフトに提案するニュアンスになります。例えば、価格の見直しなどを提案するとき、**Maybe we should lower the price.**（価格を下げたらどうでしょうか？）のように言ってからその理由を述べると角が立ちません。

**注意！**

提案のつもりで **You had better ～.** という表現を使う人がいますが、これは「～しなさい」と命令するときに使うものです。ただし、これも頭に **Maybe** を付けると、相手のためを思って強くアドバイスをしているニュアンスになります。例）**Maybe you'd better come a little earlier tomorrow.**（明日は少し早めに来たほうがいいかもね）

---

このパターンでこんなことが言えます！

---

**Maybe we should** rethink this.
もう一度考え直すべきでしょう。

**Maybe we should** raise our prices.
値上げをすべきでしょう。

**Maybe we should** cancel the order.
注文はキャンセルしたほうがよさそうです。

**Maybe we should** get the help of an expert.
専門家の助けを借りるべきでしょう。

**Maybe we should** hurry and finish this.
急いでこれを終わらせるべきでしょう。

**Maybe we should** look for a new supplier.
新たな業者を探したほうがよいのではないでしょうか。

**Maybe we should** make a decision soon.
決断を早くしたほうがいいでしょう。

**Maybe we should** consider expanding into Asia.
アジアでの市場拡大を考えるべきでしょう。

**Maybe we shouldn't** worry about that.
その問題は心配しなくてもいいでしょう。

パターントレーニング

## Maybe we should ~.   ~すべきでしょう/~したらいかがでしょう?

□ ① 彼らと会うべきでしょう。

□ ② ネット広告を活用すべきでしょう。
ヒント：ネット広告＝ online ads

□ ③ クライアントに謝るべきでしょう。

□ ④ よいコンサルタントを見つけるべきでしょう。

□ ⑤ セールス・キャンペーンをもっと拡大すべきでしょう。

□ ⑥ もっとコストを抑えるべきでしょう。

□ ⑦ 6月に決断すべきでしょう。

□ ⑧ もっと品質改善に尽力すべきでしょう。

□ ⑨ できるだけ早くハリス氏に電話したほうがいいでしょう。

□ ⑩ 商品開発に費用を使いすぎるべきではないでしょう。
ヒント：商品開発＝ product development

① **Maybe we should** meet them.

② **Maybe we should** use online ads.

③ **Maybe we should** apologize to the client.

④ **Maybe we should** find a good consultant.

⑤ **Maybe we should** expand the sales campaign.

⑥ **Maybe we should** lower our costs further.

⑦ **Maybe we should** decide on things in June.

⑧ **Maybe we should** work to improve quality.

⑨ **Maybe we should** call Mr. Harris as soon as possible.

⑩ **Maybe we shouldn't** overspend on product development.

🔊 41

# Maybe we could ～.

〜してもいいかもしれませんね

## 基本フレーズ

**Maybe we could** reduce the container cost.

容器のコストを削減してもいいかもしれませんね。

**Maybe we could** で始めると「〜してもいいかもしれませんね」とやわらかく提案するときの切り出し表現になります。また、**Maybe we could go out for dinner sometime.**（今度夕食でもどうですか？）のように相手を誘うときにも使えます。

## パターントレーニング

☐ ① まずどうなるか様子を見たほうがいいかもしれないですね。

☐ ② 1時間後にまたここで落ち合ってもいいかもしれませんね。

☐ ③ この件は一緒に作業してもいいかもしれませんね。

☐ ④ 確認のために、フォローのメールを送ってもいいかもしれませんね。　ヒント：確認する＝ confirm

☐ ⑤ 進める前にフィードバックを待ったほうがいいかもしれません。

このパターンでこんなことが言えます！

## Maybe we could finish early.
早く終わらせてもいいかもしれません。

## Maybe we could reconsider that option.
その選択肢を再度検討してもいいかもしれません。

## Maybe we could ask our boss for advice again.
もう一度上司に聞いたほうがいいかもしれませんね。

## Maybe we could brainstorm sometime tomorrow.
明日のどこかでブレストするといいかもしれませんね。

① **Maybe we could** see how it works.

② **Maybe we could** meet back here in an hour.

③ **Maybe we could** all work on this together.

④ **Maybe we could** send a follow up e-mail to confirm.

⑤ **Maybe we could** wait for feedback before proceeding.

# I/We should've 〜.

## 〜すべきでした

---

**基本フレーズ**

**I should've** apologized right away.

すぐに謝るべきでした。

---

**should've** は should have の略。I/We should've のあとに過去分詞を続けて、「〜すべきだった」「〜しておくべきだった」と、すべきことをしなかったことへの後悔の気持ちを表す表現です。個人的に反省しているときは I を主語に、会社的に反省すべき点などを述べるときは We を主語にします。

---

**プラスアルファ!**

I should've known. は直訳で「知っておくべきだった」という意味で、何か情報や知識が足りずに失敗してしまったときや、ちょっとしたことを見落としてしまったときなどに、「それは知らないといけなかった」「見逃すなんて私がバカだった」と後悔の気持ちを表すために使うフレーズです。

## このパターンでこんなことが言えます！

**I should've** consulted with you.
あなたに相談するべきでした。

**I should've** sent it yesterday.
昨日発送するべきでした。

**I should've** been more careful.
もっと注意するべきでした。

**I should've** told you about it sooner.
すぐに報告すべきでした。

**I should've** saved the file right away.
あのファイルをすぐに保存しておくべきだった。

**I should've** told you about the situation first.
事情を先にお伝えすべきでした。

**We should've** asked for express shipping.
速達でお願いすべきでした。

**We should've** stopped doing business with ABC.
ＡＢＣ社との取引を停止すべきでした。

**We should've** gotten insurance for the forklift.
フォークリフトに保険をかけておくべきでした。

## I/We should've ~. ～すべきでした

□ ① 予約するべきでした。

□ ② あなたに最初に尋ねるべきでした。

□ ③ もっと早くあなたに電話すべきでした。

□ ④ もっと早くオフィスを出るべきでした。

□ ⑤ もっと詳しくご説明するべきでした。

□ ⑥ 最初に締切日を確認しておけばよかった。

□ ⑦ もっと従業員を雇っておくべきでした。

□ ⑧ 契約書のダブルチェックをすべきでした。

□ ⑨ もっと早く寸法を補正すべきでした。
ヒント：寸法= dimension

□ ⑩ すぐに顧客に謝りに行くべきでした。

① **I should've** made reservations.

② **I should've** asked you first.

③ **I should've** called you sooner.

④ **I should've** left the office sooner.

⑤ **I should've** explained things in more detail.

⑥ **I should've** confirmed the deadline first.

⑦ **We should've** hired more employees.

⑧ **We should've** double-checked the contract.

⑨ **We should've** revised the dimensions sooner.

⑩ **We should've** visited the customers immediately to apologize.

# I/We shouldn't have 〜.

🔊43

## 〜しなければよかった

— 基本フレーズ —

**I shouldn't have** asked her.

彼女に聞くべきじゃなかった。

**shouldn't** は should not の略。**I/We shouldn't have 〜.** は、「〜しなければよかった」という意味で、自分や自社のしてしまったことへの反省、後悔の念を表すときのフレーズです。

□ ① あんなこと言わなければよかった。

□ ② 彼に相談すべきじゃなかった。

□ ③ 確かめずにそれを送るべきではなかった。

□ ④ 彼女の忠告を無視すべきではありませんでした。

□ ⑤ 生産部長を解雇すべきではありませんでした。
ヒント：生産部長= production manager

---

## このパターンでこんなことが言えます！

**I shouldn't have** drunk so much.
あんなに飲まなきゃよかった。

**I shouldn't have** taken Mike with me.
マイクを連れていかなきゃよかった。

**We shouldn't have** allowed the meeting to run so long.
会議をあんなに長引かせるべきではなかった。

**We shouldn't have** done business with that company.
あの会社と取引すべきではなかった。

---

① **I shouldn't have** said that.

② **I shouldn't have** consulted with him.

③ **I shouldn't have** sent it without checking.

④ **We shouldn't have** ignored her advice.

⑤ **We shouldn't have** fired our production manager.

## 35

🔊44

# Make sure you ～.

必ず～するようにしてください

― 基本フレーズ ―

**Make sure you** call Mr. Watson back.
必ずワトソンさんに折り返し電話してください。

**Make sure you ～.** は、相手に必ずしてほしいことを伝えるときに使うフレーズです。**Make sure you lock the door.**（必ずドアに鍵をかけてください）のように、「～を忘れずに」というリマインドのようなニュアンスで使います。

プラス
アルファ!

相手に忘れずにしてほしいことを伝えるときの表現として、ほかに **Don't forget to ～ .**「～を忘れないでください」もよく使います。例）Don't forget to call her back.（彼女に折り返し電話するのを忘れないで）

178

---

このパターンでこんなことが言えます！

---

# **Make sure you** get the receipt.
領収書を必ずもらってください。

---

# **Make sure you** call him.
彼に必ず電話してください。

---

# **Make sure you** book early.
必ず早めに予約をしてください。

---

# **Make sure you** don't miss the deadline.
締め切りに絶対に遅れないようにしてください。

---

# **Make sure you** cc everyone in the e-mail.
必ずみんなを cc に入れてください。

---

# **Make sure you** mention everything in the report.
報告書には必ずすべて書くようにしてください。

---

# **Make sure you** turn off your computer.
必ずパソコンの電源を落としてください。

---

# **Make sure you** clock out before you leave.
退社時には必ずタイムカードを押してください。

---

# **Make sure you** give them your business card.
必ず先方に名刺を渡してください。

パターン
トレーニング

## Make sure you ~. 必ず~するようにしてください

□ ① 必ず出席してください。

□ ② 必ず彼に伝えてください。

□ ③ 必ず返却してください。

□ ④ 必ずノートを持参してください。

□ ⑤ 必ずまず上司に聞いてくださいね。

□ ⑥ 必ずガイドラインに従ってください。

□ ⑦ 必ず11時半までに戻るようにしてくださいね。

□ ⑧ 絶対に遅れないようにしてください。

□ ⑨ 必ず時間通りに着くようにしてください。

□ ⑩ 必ず上司のサインをもらってください。

① **Make sure you** attend.

② **Make sure you** tell him.

③ **Make sure you** return it.

④ **Make sure you** bring a notebook.

⑤ **Make sure you** ask your boss first.

⑥ **Make sure you** follow the guidelines.

⑦ **Make sure you**'re back by 11:30.

⑧ **Make sure you**'re not late.

⑨ **Make sure you** get there on time.

⑩ **Make sure you** get your boss's signature.

## 36

**■))** 45

# You need to 〜.

## 〜する必要があります

---
**基本フレーズ**

**You need to** submit the sales report today.
今日中に売り上げ報告を提出する必要があります。

---

need は「〜する必要がある」という意味で、**You need to 〜.** は「〜する必要がある」と相手に何か忠告する際のフレーズです。must や have to に比べてソフトになりますが、目上の人などに言う場合は自分を含めて **We need to 〜.** としたほうがいいでしょう。

プラス
アルファ！

**You don't need to 〜.** で「〜する必要はありません」という意味です。**You don't need to thank me.**（お礼にはおよびませんよ）は、相手にお礼を言われたときなどによく使う言い回しです。

## このパターンでこんなことが言えます！

**You need to** get some rest.
あなたには休みが必要です。

**You need to** apologize right away.
早く謝らなければならないよ。

**You need to** go home early.
早く帰ったほうがいいよ。

**You need to** go to the hospital.
病院へ行ったほうがいいよ。

**You need to** get someone to help you.
誰かに手伝ってもらったほうがいいよ。

**You need to** tell your boss about this.
この件は上司に報告すべきです。

**You need to** hurry up with this project.
このプロジェクトはもっと急ぐべきです。

**You need to** follow the dress code more closely.
服装規定はきちんと守るべきだよ。

**You need to** be careful about what you say around the boss.
上司に進言するときはもっと気を遣うべきだよ。

## You need to ~.    ~する必要があります

☐ ① ベスに伝えたほうがいいよ。

☐ ② 先に上司に言ったほうがいいよ。

☐ ③ 日にちを変えたほうがいいよ。

☐ ④ 請求書を出したほうがいいよ。

☐ ⑤ もっと効率的に働くべきです。
ヒント：効率的に = efficiently

☐ ⑥ 同僚とコミュニケーションをとったほうがいい
ですよ。

☐ ⑦ 会議の時間は守るべきです。

☐ ⑧ もっと責任をもって企画をすべきです。
ヒント：責任をもって = responsibly

☐ ⑨ クライアントの前ではもっとプロらしくするべ
きです。

☐ ⑩ プレゼンのときは自信を持ったほうがいいよ。

① **You need to** tell Beth.

② **You need to** tell your superiors first.

③ **You need to** change the date.

④ **You need to** issue an invoice.

⑤ **You need to** work more efficiently.

⑥ **You need to** communicate with your coworkers.

⑦ **You need to** be on time for the meeting.

⑧ **You need to** plan more responsibly.

⑨ **You need to** be more professional around clients.

⑩ **You need to** be more confident when making presentations.

## 37

🔊 46

# Try not to ～.

## ～しないようにしよう

---

**基本フレーズ**

**Try not to** be late anymore.

これ以上は遅れないようにしましょう。

---

間違ったことをした相手などに「～してはいけない」と注
意するとき、**Don't ～ .** だと「～するな」ととてもきつく
聞こえます。ソフトに注意したいときは、このフレーズが
おすすめです。「～しないようにしましょう」とやわらか
い印象になります。

プラス
アルファ！

> **Try to ～.** は「～するようにしてください」と相手に
> 心がけてほしいことを述べるときに使います。**Try to
> finish this today.**（これは今日中に終わらせるように
> してください）のように使います。

## このパターンでこんなことが言えます！

**Try not to** complain about deadlines.
締め切りに文句を言わないようにしましょう。

**Try not to** take too many breaks.
休憩をとりすぎないようにしましょう。

**Try not to** overdo it.
無理しすぎないようにしましょう。

**Try not to** ask too many questions.
相手に質問しすぎないようにしましょう。

**Try not to** work too much.
働きすぎないようにしましょう。

**Try not to** chat too much.
おしゃべりは慎みましょう。

**Try not to** leave your client waiting for too long.
お客様を待たせっぱなしにしないようにしてください。

**Try to** speak up.
なるべく発言をしてください。

**Try to** send it as soon as possible.
できるだけ早く発送するようにしてください。

パターン
トレーニング

## Try not to ~.    ~しないようにしよう

□ ① ネガティブになりすぎないように。

□ ② 相手を待たせないようにしてください。

□ ③ 彼らの気分を害さないようにしてください。

□ ④ 他の社員の邪魔はしないようにしましょう。

□ ⑤ 仕事外でクライアントとは会わないようにしましょう。

□ ⑥ 無理しすぎないようにしましょう。

□ ⑦ クライアントからのメールは削除しないようにしましょう。

□ ⑧ 今日中に終わらせてください。

□ ⑨ 積極的に提案してください。
ヒント：積極的に＝proactively

□ ⑩ この金額で納得してもらうよう努力してください。

① **Try not to** be too negative.

② **Try not to** keep them waiting.

③ **Try not to** ruin their spirits.

④ **Try not to** disturb other employees.

⑤ **Try not to** meet with clients outside of work.

⑥ **Try not to** be too hard on yourself.

⑦ **Try not to** erase e-mails from the client.

⑧ **Try to** finish it today.

⑨ **Try to** proactively make suggestions.

⑩ **Try to** get them to agree to this amount.

## 38 I don't want you to ～.

47

### あなたに～してほしくない

基本フレーズ

**I don't want you to** rush.
焦ってほしくありません。

比較的親しい相手に対して何かをしてもらいたいときは、**I want you to ～.** を使って、**I want you to be careful.**（もっと注意深くお願いします）のように言います。反対に、してほしくないことを述べるときはこのパターンをよく使います。

プラスアルファ！

**I don't need you to ～.** は（あなたに～してもらう必要はありません）という意味です。**I don't need you to worry about me.**（心配ご無用）のように、「余計なお世話」とやや相手をはねつけるようなニュアンスがあるので使うときは注意しましょう。

> ## このパターンでこんなことが言えます！

## I don't want you to go.
あなたに行ってほしくありません。

## I don't want you to lose your confidence.
自信を失ってほしくありません。

## I don't want you to quit the company.
会社を辞めてほしくない。

## I don't want you to make the same mistake.
同じ間違いをしてほしくない。

## I don't want you to fight with your superiors.
上司とケンカをしてほしくありません。

## I don't want you to give up on this plan.
この企画をあきらめてほしくありません。

## I don't want you to get too tired.
疲れ切ってほしくありません（無理しないでください）。

## I don't want you to upset the client.
クライアントを怒らせてほしくありません。

## I don't want you to make a decision too quickly.
早急な決断をしてほしくありません。

## I don't want you to ~. あなたに~してほしくない

□ ① 働きすぎてほしくない。

□ ② 私のために残業をしてほしくない。

□ ③ なげやりになってほしくない。
　ヒント：なげやりになる＝ get careless

□ ④ あなたにいろいろ口出しされたくない。
　ヒント：口出しする＝ butt in

□ ⑤ 会議に参加してほしくない。

□ ⑥ あなたにあきらめてほしくありません。

□ ⑦ あなたに別の部署に行ってほしくありません。

□ ⑧ これをあなた一人でやってほしくありません。

□ ⑨ あなたに会議のときに静かでいてほしくない（もっと発言してください）。

□ ⑩ 評価をされていないと感じてほしくありません。

① **I don't want you to** work too hard.

② **I don't want you to** work overtime for me.

③ **I don't want you to** get careless.

④ **I don't want you to** butt in.

⑤ **I don't want you to** participate in the meeting.

⑥ **I don't want you to** give it up.

⑦ **I don't want you to** move to a different department.

⑧ **I don't want you to** do this by yourself.

⑨ **I don't want you to** stay quiet at meetings.

⑩ **I don't want you to** feel unappreciated.

# 39

🔊 48

# Do you want me to ～?

～しましょうか？

---

**基本フレーズ**

**Do you want me to** go with you?

一緒に行ったほうがいいですか？

---

「(私が) ～しましょうか？」と相手に何かをしてあげる
ことを提案するときのフレーズです。相手が困っていそう
なときに、**Do you want me to help?**（手伝いましょう
か？）のように、手伝いなどを申し出るときによく使いま
す。

---

**プラス
アルファ！**

What do you want me to ～? は「私に何を～してほし
いの？」という意味です。どうすれば相手の気が済むのかを
尋ねるときに使います。**What do you want me to say?**
（なんて言ってほしいの？）や **What do you want me to
do?**（私にどうしてほしいの？）がよく使われます。

> ## このパターンでこんなことが言えます！

## **Do you want me to** check?
私がチェックしましょうか？

## **Do you want me to** close the window?
窓を閉めましょうか？

## **Do you want me to** pick you up?
迎えに行きましょうか？

## **Do you want me to** explain it again?
もう一度説明したほうがいいですか？

## **Do you want me to** go along with you?
同行しましょうか？

## **Do you want me to** send you a copy?
コピーをお送りしましょうか？

## **Do you want me to** forward it to you?
転送しましょうか？

## **Do you want me to** fax it to you?
ファックスしましょうか？

## **Do you want me to** have him send you an e-mail?
彼からメールさせましょうか？

## Do you want me to ~?　～しましょうか？

□ ① 私がアポイントを入れましょうか？

□ ② 終わったらお知らせしましょうか？

□ ③ 全員分をプリントアウトしましょうか？

□ ④ この件、経営者に報告しておきましょうか？

□ ⑤ プロジェクターの用意をしましょうか？

□ ⑥ 会議に出席しましょうか？

□ ⑦ もっとコピーが必要ですか？

□ ⑧ 皆さんにコーヒーかお茶をお出ししましょうか？

□ ⑨ トムに会いに来るように頼みましょうか？

□ ⑩ 出張に同行しましょうか？

① **Do you want me to** make an appointment?

② **Do you want me to** notify you when we finish?

③ **Do you want me to** make printouts for everyone?

④ **Do you want me to** report this to management?

⑤ **Do you want me to** prepare the projector?

⑥ **Do you want me to** go to the meeting?

⑦ **Do you want me to** make more copies?

⑧ **Do you want me to** bring everyone some coffee or tea?

⑨ **Do you want me to** ask Tom to come see you?

⑩ **Do you want me to** go with you on your trip?

## 40

🔊49

# I like your ～.

あなたの～いいですね

---

**基本フレーズ**

**I like your** tie.

あなたのネクタイいいですね。

---

相手の持ち物をほめるのは、ネイティブが相手とコミュニ
ケーションをとるときの常套手段とも言えます。**I like
your shoes.**（あなたの靴、素敵ですね）のように、目に
ついていいと思ったものをそのまま言えばOKです。

**注意!**

ほめられ慣れていない日本人は、このようにほめられる
と、No, no. などと謙遜してしまいがちですが、それでは
相手の好意やセンスを否定したことにもなりかねません。
素直に Thanks.（ありがとう）や I like yours, too.
（あなたのも素敵ね）などと言うほうがぐっと好印象です。

> ## このパターンでこんなことが言えます！

## I like your new hairstyle.
あなたの新しい髪型いいですね。

## I like your shirt.
シャツいいですね。

## I like your car.
あなたの車いいですね。

## I like your glasses.
あなたのメガネいいですね。

## I like your cell phone case.
あなたの携帯電話のケースいいですね。

## I like your design suggestion.
あなたのデザイン案気に入りましたよ。

## I like your pictures on Facebook.
あなたの Facebook の写真素敵ですね。

## I like your business model.
御社のビジネスモデルはいいですね。

## I like your comments and agree with you.
あなたの意見気に入りました。賛成です。

## I like your ～.　あなたの～いいですね

- □ ① 時計、素敵ですね。

- □ ② バッグいいですね。

- □ ③ 今日あなたの着ている服いいですね。

- □ ④ あなたのネイルのデザインいいですね。

- □ ⑤ あなたの髪の毛の色好きです。

- □ ⑥ あなたのピアス素敵ですね。

- □ ⑦ あなたのセーターいいですね。

- □ ⑧ 御社の製品はとてもいいですね。

- □ ⑨ 経営に対するあなたのアドバイスはいいですね。

- □ ⑩ 会社のサイトのあなたの記事いいですね。

① **I like your** watch.

② **I like your** bag.

③ **I like your** clothes today.

④ **I like your** nail design.

⑤ **I like your** hair color.

⑥ **I like your** piercings.

⑦ **I like your** sweater.

⑧ **I like your** products very much.

⑨ **I like your** advice on running a business.

⑩ **I like your** article on the company website.

微妙なニュアンスが伝わる！

# 仕事がスムーズに進む
# 応用パターン15

## 41

🔊 50

# Do you mind if 〜?

## 〜してもかまいませんか？

### 基本フレーズ

**Do you mind if** I use your computer?
あなたのパソコンを使ってもかまいませんか？

直訳は「もし〜したら、あなたは気にしますか（イヤですか）？」ですが、会話では if 以下に続くことに関して相手から許可を求める表現になります。相手にちょっとした迷惑をかけてしまうかも、というシチュエーションで使います。

パターン
トレーニング

☐ ① 窓を開けてもかまいませんか？

☐ ② ご一緒してもいいですか？

☐ ③ コメントしてもいいですか？

☐ ④ ちょっと休憩してもいいですか？

☐ ⑤ 明日お渡しするので、大丈夫ですか？

---

このパターンでこんなことが言えます！

---

## Do you mind if I smoke here?
ここでタバコを吸ってもかまいませんか？

## Do you mind if I borrow this umbrella?
この傘をお借りしてもかまいませんか？

## Do you mind if I make one suggestion?
ひとつ提案させてもらってもいいですか？

**Do you mind if** I make some changes to the document?
書類にいくつか訂正を加えてもいいですか？

---

① **Do you mind if** I open the window?

② **Do you mind if** I join you?

③ **Do you mind if** I make a comment?

④ **Do you mind if** I take a short break?

⑤ **Do you mind if** I give it to you tomorrow?

## 42

🔊51

# Don't hesitate to 〜.

遠慮せず〜してください

--- 基本フレーズ ---

**Don't hesitate to** talk to me.

遠慮せずに相談してくださいね。

hesitate は「ためらう」「遠慮する」という意味なので、**Don't hesitate to 〜.** で「遠慮しないで〜してくださいね」という意味になります。相手に「気軽に〜してくださいね」と促すときにも使います。ちなみに、**Feel free to 〜.** も同意表現です。

パターントレーニング

☐ ① いつでも助けを頼んでください。

☐ ② 遠慮なくフィードバックしてください。

☐ ③ 質問があれば気軽にお電話ください。

☐ ④ チームリーダーに気軽に相談してください。

☐ ⑤ システム内に何かエラーがあれば、遠慮なく報告してください。

> **このパターンでこんなことが言えます！**

## Don't hesitate to contact me.
遠慮せずに連絡ください（＝いつでも連絡ください）。

## Don't hesitate to ask questions.
遠慮せずに質問してください。

## Don't hesitate to give each other advice.
気軽に意見交換をしてください。

**Don't hesitate to** let me know if there are any issues.
問題があればいつでも知らせてください。

① **Don't hesitate to** ask for help.

② **Don't hesitate to** give feedback.

③ **Don't hesitate to** call us with any questions.

④ **Don't hesitate to** consult with your team leaders.

⑤ **Don't hesitate to** report any errors in the system.

# 43 I greatly appreciate 〜.

〜をとても感謝しております

🔊52

---

**基本フレーズ**

**I greatly appreciate** your kindness.

ご親切に深く感謝しております。

---

**I appreciate 〜.** で「〜を感謝する」という意味ですが、さらに深いお礼の気持ちを伝えたいときは、強調する言葉の **greatly** を使って、**I greatly appreciate the time you took for us.**（お時間をいただき、大変感謝しております）のように言います。

---

パターン
トレーニング

- □ ① アシストしていただき、大変感謝しております。

- □ ② アドバイスをいただき、誠にありがとうございました。

- □ ③ 質の高いサービスに深く感謝しております。

- □ ④ アンケートへのフィードバック、深く感謝いたします。

- □ ⑤ 企画書の見直しをしていただき、本当に感謝しております。

---

このパターンでこんなことが言えます！

---

**I greatly appreciate** your support.

ご支援、誠にありがとうございます。

---

**I greatly appreciate** the concern.

お気遣い、誠にありがとうございます。

---

**I greatly appreciate** you coming over.

弊社までお越しくださり、大変感謝しております。

---

**I greatly appreciate** your interest in our company.

弊社に興味を持ってくださり、誠にありがとうございます。

---

① **I greatly appreciate** your assistance.

② **I greatly appreciate** your advice.

③ **I greatly appreciate** your high level of service.

④ **I greatly appreciate** your feedback in the survey.

⑤ **I greatly appreciate** you reviewing the proposal.

# 44 I'm terribly sorry to ~.

 53

## ～して大変申し訳ございません

── 基本フレーズ ──

**I'm terribly sorry to** keep you waiting.
お待たせしてしまい、誠に申し訳ございません。

「～して大変申し訳ありませんでした」と、深い謝罪の気持ちを表す表現です。to 以下に申し訳ないと思った事柄を続けます。**I'm terribly sorry for the trouble.**（ご面倒をおかけして誠に申し訳ございません）のようにも使います。

**パターントレーニング**

□ ① ご注文が取り消しになってしまい誠に申し訳ございません。

□ ② 納期を守れず大変失礼いたしました。

□ ③ こんなに朝早くから電話してしまい誠に申し訳ありません。

□ ④ 急なお願いで大変申し訳ありません。

□ ⑤ 大変申し訳ないのですが、会議はキャンセルになりました。

---

このパターンでこんなことが言えます！

---

**I'm terribly sorry to** be late.
遅れてしまって大変申し訳ありません。

**I'm terribly sorry to** have missed the appointment.
お約束の時間に行くことができず、大変申し訳ありませんでした。

**I'm terribly sorry to** disturb you during your break.
休憩中に大変申し訳ありません。

**I'm terribly sorry to** have caused you so much trouble.
お手数をおかけして大変申し訳ありません。

---

① **I'm terribly sorry to** cancel your order.

② **I'm terribly sorry to** miss the deadline.

③ **I'm terribly sorry to** call you so early.

④ **I'm terribly sorry to** ask you on such short notice.

⑤ **I'm terribly sorry to** have to tell you that the meeting's been cancelled.

# 45 I'm worried about the ～.

## ～という点が心配です

---
**基本フレーズ**

**I'm worried about the** deadline.

締め切りを守れるかどうか心配です。

---

**I'm worried about the ～ .** で「～について心配しています」という意味で、自分が気になることや問題点を指摘するときに使います。「この点が気になります」というニュアンスで相手の手落ちなどを伝えるときにも使います。

*パターントレーニング*

□ ① リスクが気がかりです。

□ ② 会社のイメージが心配です。

□ ③ 今年の新入社員たちについて心配しています。

□ ④ 重役会の結果が心配です。
ヒント：重役会＝ board meeting

□ ⑤ 海外の競合他社が気がかりです。

---

これ このパターンでこんなことが言えます！

---

**I'm worried about the** budget.

予算が心配です。

---

**I'm worried about the** new boss.

新しい上司が気がかりです。

---

**I'm worried about the** future of our business.

我々のビジネスの今後が心配です。

---

**I'm worried about the** company's financial situation.

会社の財務状況が心配です。

---

① **I'm worried about the** risks.

② **I'm worried about the** company's image.

③ **I'm worried about the** new recruits this year.

④ **I'm worried about the** outcome of the board meeting.

⑤ **I'm worried about the** rival companies overseas.

## 46

■))55

# I'm a little confused by ～.

## ～に関してやや困惑しています

— 基本フレーズ —

**I'm a little confused by** his response.

彼の反応にやや困惑しています。

込み入った話をされたり、慣れないことを任されたりして困ってしまったときに、「～に関してやや困惑しています」という意味で使う表現です。相手の話の内容をよくつかめず、「もっと詳しく話を知りたい」というときにもよく使います。

パターン
トレーニング

□ ① あなたのコメントに困惑しています。

□ ② これらの数字に戸惑っています。

□ ③ 新たなログインシステムに戸惑っています。

□ ④ 手順の変更に少し混乱しています。
ヒント：手順の変更＝ change in procedure

□ ⑤ 昨日送られてきた告知書に混乱しています。

```
このパターンでこんなことが言えます！
```

**I'm a little confused by** your question.

あなたの質問に少し戸惑っています。

**I'm a little confused by** the new system.

新しいシステムに混乱しています。

**I'm a little confused by** this regulation.

この規則について少々混乱しております。

**I'm a little confused by** the lack of customer feedback.

顧客からのフィードバックがないので困っています。

① **I'm a little confused by** your comment.

② **I'm a little confused by** these numbers.

③ **I'm a little confused by** the new login system.

④ **I'm a little confused by** the change in procedure.

⑤ **I'm a little confused by** the notification that was sent out yesterday.

## 47

# I'm afraid ～.

あいにく～／残念ながら～

── 基本フレーズ ──

**I'm afraid** I don't know.

あいにく私ではわかりかねます。

**I'm afraid** は「あいにく」「残念ながら」という意味で、相手の期待に添えないことを伝えるときに使います。ただ断るよりも、謝罪の気持ち、残念な気持ちが込められます。I'm sorry と混同して but を続けてしまう人もいるので注意しましょう。

パターン
トレーニング

□ ① 申し訳ありませんが、できかねます。

□ ② 残念ですが、お断りしないといけません。

□ ③ あいにく売り切れました。

□ ④ 残念ながら今日は時間がなさそうです。

□ ⑤ 残念ですが、こちらの商品はまだ在庫がございません。

このパターンでこんなことが言えます！

**I'm afraid** he's on another line.
あいにく彼は別の電話に出ております。

**I'm afraid** Ed's left for the day.
あいにくエドは本日もう失礼いたしました。

**I'm afraid** Bob's on a business trip.
あいにくボブは出張中です。

**I'm afraid** I already have an appointment at that time.
あいにくその時間は先約がございます。

① **I'm afraid** I can't.

② **I'm afraid** I'll have to say no.

③ **I'm afraid** they're sold out.

④ **I'm afraid** we're out of time today.

⑤ **I'm afraid** this item is still out of stock.

# 48

**🔊 57**

# I wish I could, but ～.

そうしたいのはやまやまなのですが、～

---
**基本フレーズ**

**I wish I could, but** I have another appointment.
そうしたいのですが、先約がありまして。

---

相手からの提案に対して「そうしたいけれど、but 以下の理由で不可能」という叶わぬ願望への残念な気持ちを表すフレーズです。**I wish I could.** だけでも「そうしたいのはやまやまなのですが……（無理です）」という断りのひと言になります。

**パターントレーニング**

- □ ① そうしたいのですが、約束がありまして。

- □ ② あいにくその時間は都合がよくありません。

- □ ③ そうしたいのはやまやまなのですが、今週は社におりません。

- □ ④ あいにく明日は弊社のパーティでして。

- □ ⑤ そうしたいのですが、これを終わらせるにはもっと時間が必要です。

> ## このパターンでこんなことが言えます！

**I wish I could, but** I can't.
そうしたいのですが、無理なんです。

**I wish I could, but** I'm off that day.
残念ながらその日は非番なんです。

**I wish I could, but** I have a lot of work to do.
そうしたいのですが、やることがたくさんあって。

**I wish I could, but** I have to attend a meeting today.
そうしたいのですが、今日は会議に出ないとなりません。

① **I wish I could, but** I have an appointment.

② **I wish I could, but** that time doesn't work for me.

③ **I wish I could, but** I'm out of the office this week.

④ **I wish I could, but** we have a company party tomorrow.

⑤ **I wish I could, but** I need more time to finish this.

## 49

🔊 58

# I know ～, but ～.

### ～なのはわかっているのですが、～

---
**基本フレーズ**

**I know** you're busy, **but** please reply soon.

お忙しいとは思いますが、すぐにお返事をください。

---

先にことわりを入れてから何かを伝えるときの定番パターン
で、「～なのはわかっているのですが、お願いします」というよ
うに何かお願い事をするときによく使われます。相手の都合や
状況も配慮している、という気持ちが伝わる丁寧な表現です。

**パターントレーニング**

□ ① お忙しいとは思いますが、5分だけよろしいですか？

□ ② 突然で悪いんだけど、会議に参加できなくなっちゃった。

□ ③ 簡単ではないけど、やるしかない。

□ ④ 日曜なのはわかっているのですが、これが今夜中に必要なのです。

□ ⑤ 間際で申し訳ないのですが、会議の時間を変更できますか？

ヒント：間際＝ last minute

---

このパターンでこんなことが言えます！

---

**I know** it's sudden, **but** please come soon.
突然で申し訳ないのですが、すぐに来てください。

---

**I know** it's late, **but** can we talk?
今さらだけど、話せるかな？

---

**I know** you're tired, **but** could you do this?
お疲れとは思いますが、これをやっていただけませんか？

---

**I know** I asked you this before, **but** what time is the meeting?
前にも聞いたとは思いますが、会議は何時からですか？

---

① **I know** you're busy, **but** could I have five minutes?

② **I know** it's sudden, **but** I can't join the meeting.

③ **I know** it's not easy, **but** we have to do it.

④ **I know** it's Sunday, **but** I need this tonight.

⑤ **I know** it's last minute, **but** can we change the meeting time?

# 50

🔊 59

# I don't mean to ~, but ~.

## ～するつもりはありませんが、～

--- 基本フレーズ ---

**I don't mean to** offend you, **but** it won't work.
気に障ったら悪いんだけど、うまくいかないでしょう。

**I don't mean to ～ , but ～ .** は、「～するつもりはないの
だけど、～」という意味で、相手に「批判するつもりでは
ないけど、アドバイスしたい」というときに、誤解されず
に済むように前もって言うフレーズになります。

パターン
トレーニング

- □ ① 急かすつもりはないのですが、助けが必要です。

- □ ② しつこくてすみませんが、これをはっきりさせ
   たくて。　　　　　ヒント：clarify ＝はっきりさせる

- □ ③ 邪魔する気はないのですが、これをチェックし
   ていただけますか？

- □ ④ ネガティブなことを言うつもりではないのです
   が、これには疑問があります。

- □ ⑤ 攻撃するつもりはないのですが、この企画はぼ
   やっとしています。　ヒント：vague ＝ぼやっとしている

---

このパターンでこんなことが言えます！

---

**I don't mean to** intrude, **but** may I?
邪魔するつもりはないのですが、いいですか？

---

**I don't mean to** rush you, **but** we need to go now.
急がせるわけじゃないけど、もう出ないと。

---

**I don't mean to** be rude, **but** I disagree with that.
失礼なことを言うつもりはないのですが、それには反対です。

---

**I don't mean to** offend, **but** I don't think that will work.
気に障ったら悪いんだけど、それがうまくいくとは思えません。

---

① **I don't mean to** rush you, **but** I need a hand.

② **I don't mean to** push, **but** I'd like to clarify this.

③ **I don't mean to** bother you, **but** could you check this?

④ **I don't mean to** be negative, **but** I have doubts about this.

⑤ **I don't mean to** be offensive, **but** this proposal is vague.

## 51

# That's a good idea, but ～.

### いい考えだと思いますが、～

─── 基本フレーズ ───

**That's a good idea, but** we don't have time.

いい考えだと思うのですが、時間がありません。

誰かが何か意見を言ったとき、それをいきなり否定してしまうと、相手の気分を害しかねません。**That's a good idea**（それはいい考えですね）と、まずは相手の意見を尊重した姿勢を見せてから、but 以下に自分の意見を述べるようにしましょう。

- □ ① いいアイデアですが、お金がありません。

- □ ② いい考えですが、先方が気に入らないでしょう。

- □ ③ いいアイデアですが、維持するのは難しいでしょう。
  ヒント：維持する = maintain

- □ ④ いい案ですが、時間がありません。

- □ ⑤ いい考えですが、理想的とは言えませんね。

---

このパターンでこんなことが言えます！

---

**That's a good idea, but** I have some questions.
いい考えですが、いくつか質問があります。

---

**That's a good idea, but** it's not practical.
いいアイデアですが、現実的ではありませんね。

---

**That's a good idea, but** I'm not sure.
よい考えですが、どうですかね。（あいまいな答え）

---

**That's a good idea, but** let's focus on the problem.
いい考えですが、問題点に集中しましょう。

---

① **That's a good idea, but** we can't afford it.

② **That's a good idea, but** they may not like it.

③ **That's a good idea, but** it'd be hard to maintain.

④ **That's a good idea, but** we don't have time.

⑤ **That's a good idea, but** it might not be ideal.

---

## 52

🔊 61

# If there are any ~, please ~.

## もし~ならば、~してください

--- 基本フレーズ ---

**If there are any** problems, **please** let me know.

もし問題があれば、お知らせください。

---

「もし~ならば、~してください」と、条件つきで依頼するとき
に使うフレーズです。**Please ~ .** は強いニュアンスの依頼表現
ですが、依頼した行為によって相手ではなく自分に負担が生じ
る場合や、相手に利益をもたらす場合などは使ってOKです。

パターン
トレーニング

□ ① もしご質問があれば、私にメールを送ってください。

□ ② プロジェクト案があれば、ご提出ください。

□ ③ もし問題があれば、上司に伝えてください。

□ ④ システムに何か問題があれば、お電話ください。

□ ⑤ もしチームに新しいスタッフがいれば、助けてあげてください。

---
このパターンでこんなことが言えます！
---

**If there are any** changes, **please** call me.
変更があればお電話ください。

---

**If there are any** questions, **please** ask me.
もし質問があれば、私に聞いてください。

---

**If there are any** concerns, **please** tell me.
何か不安点があれば、教えてください。

---

**If there are any** issues, **please** contact the IT department.
もし問題があったら、IT部門に連絡してください。

---

① **If there are any** questions, **please** send me an e-mail.

② **If there are any** project ideas, **please** submit them.

③ **If there are any** problems, **please** tell your boss.

④ **If there are any** issues with the system, **please** call me.

⑤ **If there are any** new staff on your team, **please** assist them.

## 53

# I can ~ if you'd like.

## よければ〜しますよ

— 基本フレーズ —

**I can** visit your office **if you'd like.**

よければ御社まで出向きますよ。

**I can send you a sample if you'd like.**（よろしければサンプルを送ります）のように、相手を気遣って「もしよろしければ〜しますよ」と丁寧に申し出るときに使うフレーズです。押し付けがましくなく提案することができます。

パターントレーニング

□ ① よければ会議をキャンセルしますよ。

□ ② よければ代わりにジョージに電話しますよ。

□ ③ よければ別のコピーを送りますよ。

□ ④ よければリンダが興味あるかどうか確認しますよ。

□ ⑤ よければレポートの改訂をしますよ。

⎡　　　　　このパターンでこんなことが言えます！　　　　　⎤

**I can** call you back later **if you'd like.**
よければあとでかけ直しますよ。

**I can** change the date **if you'd like.**
よければ日程変更しましょうか。

**I can** e-mail you an estimate **if you'd like.**
もしよろしければ、見積もりをメールいたします。

**I can** look for more information **if you'd like.**
よければさらに詳しい情報を探します。

① **I can** cancel the meeting **if you'd like.**

② **I can** call George for you **if you'd like.**

③ **I can** send you another copy **if you'd like.**

④ **I can** see if Linda is interested **if you'd like.**

⑤ **I can** revise the report **if you'd like.**

# 54

## You can ~ if you want.

よければ~してください

— 基本フレーズ —

**You can** use my PC **if you want.**

よかったら私のパソコンを使ってください。

「（あなたが）そうしたいなら、どうぞそうしてください」と促すときのひと言です。**You can come if you want.** と「気が向けば来てね」という使い方もよくします。

---

パターントレーニング

□ ① よければご提案ください。

□ ② よければ私のマニュアルを使ってください。

□ ③ よければ私のＵＳＢメモリを使ってください。
ヒント：ＵＳＢメモリ＝ USB pen drive

□ ④ よければその件については彼にメールしておいてください。

□ ⑤ よければ我がチームにご参加ください。

┌─────────────────────────────────┐
　　このパターンでこんなことが言えます！
└─────────────────────────────────┘

**You can** keep that document **if you want.**

よければその資料をお持ち帰りください。

---

**You can** think it over **if you want.**

よければよく考えてください。

---

**You can** come early **if you want.**

よければ早めにいらしてください。

---

**You can** e-mail me over the weekend **if you want** to ask anything.

何か聞きたいことがあったら週末にでもメールしてください。

---

① **You can** make suggestions **if you want.**

② **You can** use my manual **if you want.**

③ **You can** borrow my USB pen drive **if you want.**

④ **You can** e-mail him about it **if you want.**

⑤ **You can** join our group **if you want.**

## 55

# We can accept that if you ~.

## ~してもらえればお受けします

--- 基本フレーズ ---

**We can accept that if you** pay for shipping.
送料を負担していただけるのであれば、お受けいたします。

accept は「受け入れる」という意味ですので、**We can accept that if you ~ .** で、「条件次第では、お受けできます」という意味になります。交渉の際、相手に条件を申し出て、相手の出方や反応を見たいときに使える表現です。

パターントレーニング

- □ ① 価格を見直していただけたらお受けします。

- □ ② 大口注文をしていただけたらお受けいたします。

- □ ③ 御社のクライアントにつないでいただければ、お受けいたします。

- □ ④ 弊社を専属代理店にしていただけるのであれば、お引き受けします。　ヒント：専属代理店= exclusive agent

- □ ⑤ 残額をすべてお支払いいただけるのであれば、お引き受けいたします。

┌─────────────────────────────────┐
│　このパターンでこんなことが言えます！　│
└─────────────────────────────────┘

**We can accept that if you** give us a discount.
値下げしていただけるのであれば、お引き受けいたします。

**We can accept that if you** revise the contract.
契約書を変更していただければお受けできます。

**We can accept that if you** remove this clause.
この項目（条項）を削除していただければお引き受けいたします。

**We can accept that if you** can place an order by May 1.
5月1日までにご注文いただけるのであれば可能です。

① **We can accept that if you** reconsider the price.

② **We can accept that if you** can place a larger order.

③ **We can accept that if you** connect us with your clients.

④ **We can accept that if you** make us your exclusive agent.

⑤ **We can accept that if you** agree to pay the balance in full.

# 目 的 別 ・ パ タ ー ン 索 引

※閲＝関連パターン

**著者紹介**
# デイビッド・セイン（David A. Thayne）
米国出身。カリフォルニア州アズサパシフィック大学で社会学修
士号取得。日米会話学院などでの豊富な教授経験を活かし、数多
くの英語学習書を執筆。著書に、『その英語、ネイティブにはこ
う聞こえます』（主婦の友社）、『英語ライティングルールブッ
ク』（DHC）、『ビジネス Quick English』シリーズ（ジャパンタ
イムズ）など。現在は、英語を主なテーマとしてさまざまな企画
を実現する「エートゥーゼット」を主宰。東京・根津と春日にあ
る、エートゥーゼット英語学校の校長も務める。
〈エートゥーゼットのサイト〉http://www.english-live.com
〈エートゥーゼット英語学校のサイト〉http://www.atozenglish.jp


**【執筆協力】**
小松アテナ（エートゥーゼット）
**【英文校正】**
Sean McGee, Michael Deininger
**【録音】**
Erica Williams
英語教育協議会（ELEC）

本書は、2014年11月にＰＨＰ研究所より刊行された『ビジネス英
語「１日１パターン」レッスン』を改題したものである。

PHP文庫　これだけ覚えれば安心！
仕事に役立つ「1日1パターン」英会話

2017年4月17日　第1版第1刷

| | |
|---|---|
| 著　　者 | デイビッド・セイン |
| 発 行 者 | 岡　　修　平 |
| 発 行 所 | 株式会社PHP研究所 |

東 京 本 部　〒135-8137　江東区豊洲5-6-52
　　　　　　　文庫出版部　☎03-3520-9617(編集)
　　　　　　　普 及 一 部　☎03-3520-9630(販売)
京 都 本 部　〒601-8411　京都市南区西九条北ノ内町11

**PHP INTERFACE**　　http://www.php.co.jp/

| | |
|---|---|
| 組　　版 | 株式会社PHPエディターズ・グループ |
| 印 刷 所 | 図書印刷株式会社 |
| 製 本 所 | 図書印刷株式会社 |

PHP文庫好評既刊

驚くほど話せるようになる！

# 英会話「1日1パターン」レッスン

デイビッド・セイン 著

英語で暗記すべきは単語ではなく「文型＝パターン」！ これさえ覚えれば大抵のことは英語で表現できるようになるという50文型を厳選紹介！

定価 本体五九〇円（税別）